小学2年生

文《ぶん》章《しょう》読《どっ》解《かい》に

ぐーんと

強くなる

学習指導要領対応

KUMON

この　本の　つかい方《かた》

❶ 1回《かい》から　じゅんに、学しゅう　しましょう。

❷ もんだいを　といたら、答《こた》え合《あ》わせを　して、点数《てんすう》を　つけます。つけ方が　わからない　ときは、おうちの　方に　見て　もらいましょう。
答えに　文字数《もじすう》などの　していが　ない　ばあい、ならって　いない　かん字は、ひらがなで　書《か》いて　いても　正かいです。

❸ まちがえた　ところは、かいせつを　読《よ》んで　もう一ど　とり組《く》みます。100点に　したら、おわりです。

※ かんまつの　「別冊解答書《べっさつかいとうしょ》」は、とり外《はず》して　つかいます。

もくじ

ないようを つかむ

きほん ★★★

◆つぎの 文しょうを 読《よ》んで 答《こた》えましょう。

なおきが、よしくんと はじめて 会《あ》ったのは、きょ年の 夏休《なつやす》みの ことでした。

なおきが 公園《こうえん》に 行《い》くと、一人《ひとり》で ボールを けって いる 男の子が いました。それが よしくんでした。

よしくんは、夏休みの 間《あいだ》だけ、いとこの 家《いえ》に あそびに 来《き》て いるんだと 話《はな》して くれました。

（書《か》き下《お》ろし）

「いつ」や「どこ」に 気を つけて 読みましょう。

1 なおきは、いつ、どこで よしくんに 会いましたか。（一つ30点）

〔　　　　〕の 夏休みに、〔　　　　〕で 会った。

2 よしくんは、夏休みの 間、どこに あそびに 来て いましたか。（40点）

〔　　　　〕

点《てん》

2
ものがたり

ないようを つかむ

きほん ★★★

点《てん》

◆つぎの 文しょうを 読《よ》んで 答《こた》えましょう。

むかしむかし、山の なかの 村に、じいさまと ばあさまが 住《す》んで おりましたと。

ふたりは、やせた 馬《うま》を 一頭《いっとう》、かって いました。

ある 雨の ふる ばんの こと。

山の おおかみが、ぬき足さし足、じいさまの 馬を ねらって、ちかづいて きました。

そして、なかの ようすを うかがって いると、じいさまと ばあさまが、ぼそぼそ、話《はな》して いましたんだと。

(岩崎《いわさき》京子《きょうこ》「ふるやのもり」・『日本昔《むかし》ばなし かさこじぞう』ポプラ社《しゃ》)

❶ どこに、だれが 住んで いましたか。(一つ20点)

［　　　］に、

［　　　］と

ばあさまが 住んで いた。

❷ いつの できごとですか。(一つ20点)

ある ［　　　］の ふる ［　　　］の こと。

❸ じいさまの 馬を ねらって、何《なに》が ちかづいて きましたか。(20点)

山の ［　　　］。

ないようを つかむ

きほん ★★★

◆つぎの 文しょうを 読《よ》んで 答《こた》えましょう。

お昼休《ひるやす》みの ことです。はるかは、じゆうちょうに ねこの 絵《え》を かいて いました。

「はるちゃん、うまいねえ。わあっ、たけとくんも、じょうず。」

ゆみが 言《い》いました。

はるかが、となりの せきの たけとを 見ると、たけとも 絵を かいて いました。

たけとが かいて いたのは、今《いま》にも うごき出しそうな、かぶと虫の 絵でした。

（書《か》き下《お》ろし）

さいごの 文を よく 読もう。

「だれ」が 「どう した」に 気を つけて 読みましょう。

❶ はるかは、何《なに》を して いましたか。（25点）

じゆうちょうに 〔　　〕を かいて いた。

❷ ——と 言ったのは、だれですか。（25点）

〔　　〕

❸ たけとは、どんな 絵を かいて いましたか。（一つ25点）

今にも 〔　　〕な、〔　　〕の 絵。

点《てん》

ないようを つかむ

きほん ★★★

点《てん》

◆つぎの 文しょうを 読《よ》んで 答《こた》えましょう。

「おかあさん、おねがい」
おねえちゃんの 声《こえ》が した。
おねがい、って いう ときの、
おねえちゃんの 声は、ドレミファソーの
ソーの 音に にて いる。
「あかい ＊ハイヒール、かって」
「高校《こうこう》一年生には、
ハイヒールは はやいわ」
おかあさんが こたえた。
そばで、おばあちゃんも、
「そうですよ」と、
うなずいた。

（角野栄子《かどのえいこ》「あかいくつ」・『オオくんとゆかいなかぞく』ポプラ社《しゃ》）
＊ハイヒール…かかとの 高《たか》い くつ。

1 「おかあさん、おねがい」と 言《い》ったのは、だれですか。一つ えらんで、○を つけましょう。（30点）

（　）おばあちゃん
（　）おかあさん
（　）おねえちゃん

2 どんな おねがいを しましたか。（40点）

――の 後《あと》の 文を 読もう。

［　　　　］を かって ほしい。

3 おばあちゃんは、何《なん》と 言いましたか。（30点）

「［　　　　］」

5

ものがたり

ないようを つかむ

れんしゅう ★★★

点《てん》

◆つぎの 文しょうを 読《よ》んで 答《こた》えましょう。

　ほうかご、かなと まいは、図書室《としょしつ》へ
行《い》きました。まいが、
「かなちゃん、かりる 本、
　きまってる？」
と 聞《き》くと、かなは、
「うん。『まほうの ペンダント』って
いう 本。お母《かあ》さんも、お兄《にい》ちゃんも、
読んだ こと あるんだって。」
と 答えました。
　図書室に 入ると、円い テーブルで、
しょうたと みゆが 本を 読んで
いました。かなは、しょうたを 見て
びっくりしました。しょうたが、

1 かなと まいは、いつ、どこへ
行きましたか。（一つ10点）

（　　　　）、（　　　　）へ 行った。

2 図書室では、だれが 本を
読んで いましたか。（一つ10点）

（　　　　）と（　　　　）。

『まほうの　ペンダント』を　読んで
いたからです。
「しょうたくん、その　本、今日《きょう》、
かりるの？」
かなは、少《すこ》し　どきどきしながら
聞きました。
「ううん。もう　ちょっとで
読みおわるから、今日、かえすんだ。
ほら、あと　三ページ。」
しょうたは、にっこり　わらって
言《い》いました。

（書《か》き下《お》ろし）

3 かなが、びっくりしたのは
なぜですか。（一つ15点）

［　　　　］が、
『［　　　　］』を
［　　　　］いたから。

4 しょうたは、『まほうの
ペンダント』を　どうすると
言いましたか。一つ　えらんで、
○を　つけましょう。（15点）

（　）今日、かりる。
（　）今日、かえす。
（　）明日《あす》、かえす。

しょうたが　言った
ことばを　よく　読もう。

ないようを つかむ

◆つぎの 文しょうを 読《よ》んで 答《こた》えましょう。

のはらの ほとりに 小さな
おみせが あります。
おみせには、「おひさまや」と
かかれた、かんばんが かかって います。
はるの ある 日、「おひさまや」の
まえで、足を とめた 人が いました。
それは、のはらの ちかくに、ひとりで
すんで いる、おばあさんでした。
「まあ、こんな おみせ、
いつ、できたのかしら？」
おばあさんは、ドアを
あけて、目を
ぱちぱちさせました。

れんしゅう ★★★

点《てん》

1 「おひさまや」と いう おみせは、どこに ありますか。（15点）

［　　　　］の ほとり。

2 いつ、だれが、「おひさまや」の まえで、足を とめたのですか。（一つ15点）

・いつ…［　　　　］の ある 日。

・だれ…のはらの ちかくに すんで いる、［　　　　］。

「足を とめた 人が いました」と いう ことばを さがして、その 近《ちか》くを よく 読もう。

せまい　みせの　なかで、うさぎが
すわって、みせばんを　して　いたのです。
「えっ、ここ、うさぎの　おみせなの？」
おみせの　なかには、わかくさいろの
まくらだとか、にじいろに　かがやく
バケツだとか、空いろの　小さな
いすだとか、ふしぎな　ものが
おいて　ありました。

（茂市久美子《もいちくみこ》『おひさまやのおへんじシール』講談社《こうだんしゃ》）

3 みせばんを　して　いたのは、
だれですか。（15点）

［　　　　］

4 おみせの　なかには、どんな
ものが　おいて　ありましたか。（一つ10点）

わかくさいろの
［　　　　］だとか、
［　　　　］に　かがやく
バケツだとか、空いろの　小さな
［　　　　］だとか、
［　　　　］な　ものが
おいて　あった。

ないようを　つかむ

◆つぎの　文しょうを　読《よ》んで　答《こた》えましょう。

町の　はずれに、パンやが　ありました。おじさんが　パンを　やき、おばさんが　それを　売《う》ると　いう、小さな　店《みせ》でした。

ある　朝《あさ》　八時《はちじ》、おばさんは、いつものように、店の　カーテンを　あけました。とたんに、

「ひゃあ……」

おばさんは、ひと声《こえ》　さけんで、それきり　だまって　しまいました。

「どう　した」

おくの　仕事場《しごとば》から　出て　きた　おじさんは、おばさんの　指《ゆび》さす　ほうを　見て、

①「あっ！」

小さな　声を　あげました。

おうよう ★★★

① パンやは、どこに　ありましたか。（15点）

〔　　　　〕

② おばさんは、いつ、何《なに》を　しましたか。（一つ10点）

ある　朝〔　　　　〕に、

いつものように　店の〔　　　　〕を〔　　　　〕。

③ おじさんが、①「あっ！」と　声を　あげたのは、なぜですか。（一つ15点）

点《てん》

入り口の　ガラス戸《ど》に
へばりつくように　して、くまの　子が
一ぴき、こちらを　見て　いたのです。
うしろ足で　立ち、鼻先《はなさき》を　ぺしゃんこに
おしつぶすくらい、ガラス戸に　くっつけて。
「ふふふふふ……」
おじさんは、くまの　子の　顔《かお》を　見て、
思《おも》わず　ふきだしました。
そして、おばさんの　横《よこ》を
とおりぬけて、店の
ガラス戸を　あけました。

「こりゃ、おどろいた。

くまの　子の
お客《きゃく》とはね」

「うん」

くまの　子は、こっくりを　すると、
②「おはよ」
ひくい　声で　いいました。

（森山《もりやま》 京《みやこ》『パンやのくまちゃん』あかね書房《しょぼう》）

入り口の　ガラス戸に
（　　　）ように
して、（　　　）が
一ぴき、こちらを　見て　いたから。

4 おじさんは、くまの　子の　顔を
見て、どう　しましたか。（10点）

思わず　（　　　）。

5 ②「おはよ」と　いったのは、
だれですか。一つ　えらんで、○を
つけましょう。（15点）

（　）おばさん
（　）おじさん
（　）くまの　子

ないようを　つかむ

◆つぎの　文しょうを　読《よ》んで　答《こた》えましょう。

　風《かぜ》の　ゆうびんやさんは、風の
じてん車に　のって　やって　きます。
リンリンと　ベルを　ならして、
ひゅうっと　とおりすぎて　いきます。
ゆうびんやさんの　かばんは、
はいたつする　手紙《てがみ》で　いっぱいです。
　でも、ちっとも　おもたそうでは
ありません。
　せまい　みちでも、さかみちでも、
ゆうびんやさんは、口ぶえを
ふきながら、すいすい　はしります。
「あげはちょうさん、ゆうびんです。」
　花びらみたいな、いい　においの
手紙が　とどきました。

おうよう★★★

1 風の　じてん車に　のって　やって　くるのは、だれですか。（15点）

風の（　　　　）。

2 だれに、どんな　ゆうびんが　とどきましたか。（一つ15点）

だれ	とどいた　ゆうびん
あげはちょう	パーティーの（　　　　）。
にわの　犬小屋の（　　　　）。	まごたちからの　はがき。

点《てん》

「あら、うれしい。パーティーの
しょうたいじょうですって。
こうえんで、ばらの　花が
さいたんですって。
ぜひ　行《い》かなくちゃ。」
おしゃれな　あげはちょうは、
いそいそと　したくを　はじめます。

「犬さん、ゆうびんです。」
にわの　犬小屋《いぬごや》の、おじいさん犬の
ところには、はがきが　とどきました。
「ほう。となり町に
ひっこして　いった、
まごたちからだ。みんな
元気《げんき》に　くらして　います、
か。うん。よかった、
よかった。」

（令和《れいわ》2年度版《ねんどばん》 東京書籍《とうきょうしょせき》『新《あたら》しい国語《こくご》二上』16～19ページより
「風のゆうびんやさん」たけしたふみこ）

3 ばらの　花は、どこで　さきましたか。（15点）

（　　　　）

4 おじいさん犬の　まごたちは、どこに　すんで　いますか。（20点）

（　　　　）

5 あなたは、だれに、どんな　ゆうびんを　おくりたいですか。じゆうに　考《かんが》えて　書《か》きましょう。（20点）

ひょうげん力

だれに？

どんな　ゆうびん？

何《なに》に ついて 書《か》いて あるかを つかむ

きほん ★★★

点《てん》

◆つぎの 文しょうを 読《よ》んで 答《こた》えましょう。

牛《ぎゅう》にゅうを あたためると、上の ほうに まくが できる ことが あります。これは、どうしてでしょう。

牛にゅうの 中には、しぼうや たんぱくしつと よばれる ものの、とても 細《こま》かい つぶが 入って います。

牛にゅうを あたためると、この つぶどうしが くっついて、まくに なるのです。

（書《か》き下《お》ろし）

「どうしてでしょう」と いう といかけの ことばを さがして、その 近《ちか》くを よく 読もう。

何《なに》に ついて せつ明《めい》して いるかを たしかめながら 読みましょう。

1 上の 文しょうは、どんな ことに ついて 書《か》かれて いますか。（一つ25点）

〔　　　　〕を あたためると、上の ほうに 〔　　　　〕が できるのは、どうしてかと いう こと。

2 「この つぶ」とは、どのような ものですか。（一つ25点）

〔　　　　〕や 〔　　　　〕の 細かい つぶ。

10

せつ明《めい》文

何《なに》に ついて 書《か》いて あるかを つかむ

きほん ★★★

点《てん》

◆つぎの 文しょうを 読《よ》んで 答《こた》えましょう。

わたしたちが、ふだん、町の 中で りようして いる バスは、「ろせんバス」と いいます。

ろせんバスは、きまった 道《みち》を、きまった 時間《じかん》に 走《はし》り、きまった 場《ば》しょに とまります。

ですから、学校や しごとへ 行《い》く 人や、買《か》いものに 行く 人など、いろいろな 人が、いろいろな 場《ば》めんで りようする ことが できます。

(書《か》き下《お》ろし)

① 上の 文しょうでは、何《なに》に ついて せつ明《めい》して いますか。(25点)

［　　　　］バス

② ①の バスを、いろいろな 人が、いろいろな 場めんで りようする ことが できるのは、なぜですか。(一つ25点)

この バスが、きまった［　　　　］を、きまった［　　　　］に 走り、きまった 場しょに［　　　　］から。

ろせんバスには、どんな とくちょうが あるかな？

何《なに》に ついて 書《か》いて あるかを つかむ

きほん ★★★

◆ つぎの 文しょうを 読《よ》んで 答《こた》えましょう。

まゆ毛《げ》には、どんな やくわりが あるのでしょうか。

　二つ しょうかいします。

まず、あせが 目に 入るのを ふせぐ やくわりが あると いわれて います。おでこから ながれて くる あせを ふせぎます。

　また、日ざしから 目を まもる やくわりも あると いわれて います。まぶしい とき まゆを よせると、まゆが つき出て、日ざしを さえぎります。

　まゆ毛は、こうして あせや 日ざしから、目を まもって くれて いると 考《かんが》えられて います。

（書《か》き下《お》ろし）

何《なに》に ついて せつ明《めい》して いるかは さいしょの 文に 書《か》かれて いる ことが 多《おお》いよ。

❶ 上の 文しょうは、何に ついて せつ明して いますか。（50点）

（　　　　）の やくわりに ついて。

❷ まゆ毛は、どのような ことを して くれて いますか。（一つ25点）

（　　　　）や 日ざしから、（　　　　）くれて いる。

点《てん》

12

せつ明《めい》文

何《なに》に ついて 書《か》いて あるかを つかむ

きほん ★★★

点《てん》

◆つぎの 文しょうを 読《よ》んで 答《こた》えましょう。

ラッコが ずっと 水の 上で くらして いられるのは、体《からだ》に びっしりと あつく 生えた 毛《け》の おかげです。

毛の 間《あいだ》には 空気が 入って いて、この 空気が 水を 通《とお》さないので ぬれる ことが ありません。

また この 空気は、体の ねつが、外《そと》に にげ出す ことも ふせいで います。

（久道健三《ひさみちけんぞう》『かがくなぜどうして 二年生』偕成社《かいせいしゃ》）

ラッコの 毛の 間の 空気の はたらきを、二つ せつ明《めい》して いるよ。

1 ラッコが、ずっと 水の 上で くらして いられるのは、何《なん》の おかげですか。（一つ20点）

体に（　　　）と あつく 生えた（　　　）の おかげ。

2 毛の 間に 入った 空気は、どのような はたらきを しますか。（一つ20点）

・（　　　）を 通さないので、ぬれない。

・体の（　　　）が 外に（　　　）ことを ふせぐ。

13 せつ明文《めい》

何《なに》に ついて 書《か》いて あるかを つかむ

◆つぎの 文しょうを 読《よ》んで 答《こた》えましょう。

春《はる》の 道《みち》ばたに、すみれの 花が
さいて います。
まわりを 見わたすと、すみれは、
コンクリートの われ目や、
高《たか》い 石がきの すきまにも
さいて います。
どうして、こんな 場《ば》しょに、
さいて いるのでしょうか。

（中りゃく）

すみれは、なかまを ふやす ために、
いろいろな 場しょに めを 出そうと
します。しかし、自分《じぶん》では、たねを
近《ちか》くの 地《じ》めんにしか、とばす ことが

れんしゅう ★★★

1 上の 文しょうは、どのような ことに ついて 書《か》かれて いますか。（一つ15点）

すみれは、どうして
［　　　　］や［　　　　］
などの 場しょにも さいて いるのかと いう こと。

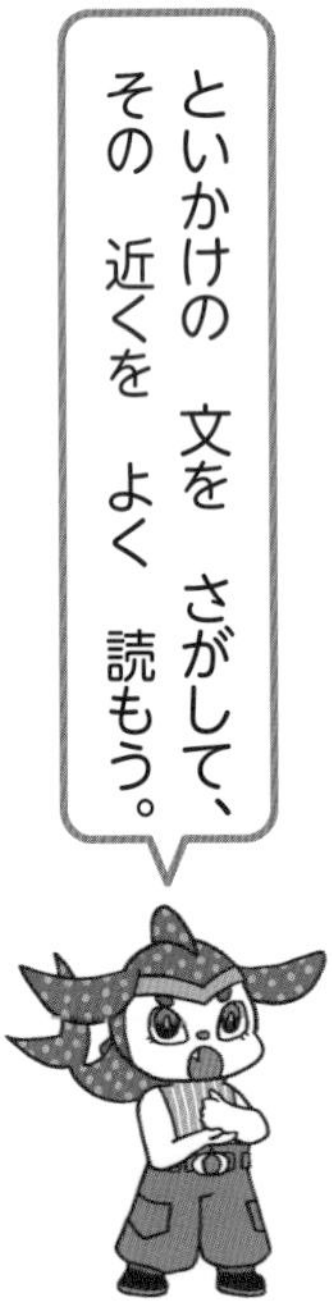
といかけの 文を さがして、その 近くを よく 読もう。

2 すみれが、いろいろな 場しょに めを 出そうと するのは、なぜですか。（一つ15点）

点《てん》

できません。そこで、すみれは、
ありの すきな 白い かたまりを
たねに つけて、いろいろな 場しょに
はこんで もらうのです。

ありの すは、地めんだけで なく、コンクリートの われ目や、高い 石がきにも あります。そのため、ありが はこんだ すみれの たねは、そのような 場しょでも めを 出し、花を さかせて いるのです。

（令和《れいわ》2年度版《ねんどばん》 教育出版《きょういくしゅっぱん》『ひろがることば小学国語《こくご》二上』42〜46ページより
「すみれとあり」やざまよしこ）

〔　　　〕を〔　　　〕
ため。

3 すみれが、――のような ことを するのは、なぜですか。（一つ15点）

自分では、〔　　　〕を
〔　　　〕の 地めんにしか
とばす ことが できないから。

4 コンクリートの われ目や、高い 石がきには、何《なに》が ありますか。（10点）

〔　　　〕の す。

だから、そのような 場しょにも、
すみれの 花が さいて いるんだね。

せつ明文《めい》

何《なに》に ついて 書《か》いて あるかを つかむ

◆つぎの 文しょうを 読《よ》んで 答《こた》えましょう。

ゴムで できた ものは、わゴムの ほかに 何《なに》が あるでしょうか。みなさんが かべに ぶつけたりして あそぶ ゴムの ボールが そうですね。ボールの 中は からっぽで、空気が 入って います。ボールは、ぶつけると よく はずみますが、それは なぜでしょうか。

ボールが かべに 当《あ》たると、ゴムに 力が くわわって 形《かたち》が かわり、少《すこ》し へこみます。力が くわわるのは ボールが かべに 当たった ときだけで、その 後《あと》は 力が かかりませんから、

れんしゅう ★★★

点《てん》

1 ゴムの ボールの 中は どう なって いますか。（15点）

からっぽで、［　　　　］が 入って いる。

2 上の 文しょうでは、どのような ことに ついて 書《か》かれて いますか。（一つ15点）

ボールは、［　　　　］と よく ［　　　　］のは、なぜかと いう こと。

「なぜでしょうか」と いう 言《い》い方《かた》で といかけて いる 文を さがそう。

3 ボールは、かべに 当たると、どう なりますか。（一つ10点）

ボールは　へこみの　ない　もとの　形に
もどろうと　します。その　ために
ボールは　かべから　はなれ、
はずむのです。ボールの　中の　空気も
力を　くわえると　ちぢみ、力を
くわえるのを　やめると　広《ひろ》がる
＊せいしつを　もって　いますから、
ボールが　よく　はずむのを　たすけます。

（井上祥平《いのうえしょうへい》『かたいもの　やわらかいもの』岩波書店《いわなみしょてん》）

＊せいしつ…その　ものが、もともと　もって　いる　とくちょう。

ゴムに　（　　　）が　くわわって
形が　かわり、少し　（　　　）。

4 3の　後、ボールは　どう
なりますか。
もとの　形に　（　　　）。（15点）

5 ボールの　中の　空気は、どんな
せいしつを　もって　いますか。（一つ10点）
力を　くわえると　（　　　）、
力を　くわえるのを　やめると
（　　　）せいしつ。
（　　　）と　する。

4や　5の　はたらきで、ゴムの
ボールは　よく　はずむんだね。

15 せつ明《めい》文

何《なに》に ついて 書《か》いて あるかを つかむ

おうよう ★★★

◆つぎの 文しょうを 読《よ》んで 答《こた》えましょう。

ビーバーは、切《き》りたおした 木を、さらに みじかく かみ切り、ずるずると 川の 方《ほう》に 引《ひ》きずって いきます。そして、木を しっかりと くわえた まま、上手《じょうず》に およいで いきます。

ビーバーは、ゆびと ゆびの 間《あいだ》に じょうぶな 水かきが ある 後《うし》ろあしで、ぐいぐいと 体《からだ》を おしすすめます。おは、オール*1のような 形《かたち》を して いて、上手に かじ*2を とります。

ビーバーは、木を くわえた まま、水の 中へ もぐって いきます。そうして、木の とがった 方を 川の

1 ビーバーは、どのように 体を つかって およぎますか。（一つ5点）

体の ぶぶん	つかい方《かた》
じょうぶな（　　）が ある（　　）。	ぐいぐいと 体を（　　）。
（　　）のような 形の（　　）。	上手に（　　）を とる。

2 木を くわえた ビーバーは、水の 中に もぐると、何《なに》を しますか。（一つ10点）

点《てん》

そこに　さしこんで、ながれないように
します。その　上に　小えだを　つみ上げて
いき、上から　石で　おもしを　して、
どろで　しっかり　かためて　いきます。
（中りゃく）
　こうして、つみ上げられた　木と　石と
どろは、一方《いっぽう》の　川ぎしから
はんたいがわの　川ぎしまで、少《すこ》しずつ
のびて　いき、やがて　川の　水を
せき止《と》める　りっぱな
ダムが
できあがります。

（令和《れいわ》2年《ねん》度版《どばん》　東京書籍《とうきょうしょせき》『新《あたら》しい国語《こくご》二下』12〜15ページより
「ビーバーの大工事《だいこうじ》」なかがわしろう）
＊1オール…ボートを　こぐ　道《どう》ぐ。
＊2かじ…船《ふね》の　後ろに　ついて　いる、すすむ　方こうを　かえる
ための　道ぐ。

木の　とがった　方を　川の
そこに（　　　　）、
（　　　　）ように　する。
⬅
その　上に（　　　　）を
つみ上げて、上から　石で　おもしを
して、（　　　　）で　しっかり
（　　　　）いく。

③ ②のように　すると、やがて、何が
できあがりますか。（一つ10点）

川の　水を（　　　　）
りっぱな（　　　　）。

何《なに》に ついて 書《か》いて あるかを つかむ

おうよう ★★★

◆つぎの 文しょうを 読《よ》んで 答《こた》えましょう。

なぜ うちゅうでは、*1むじゅう力に なるのでしょうか。

ものには みんな、あい手を 引《ひ》きつける 力、引力《いんりょく》が あります。

引力は、ものが 大きければ それだけ 強《つよ》く なります。地《ち》きゅうは とても 大きいので、わたしたちや まわりの ものは 地きゅうに 引きつけられて、くっついて いるのです。ものが 下に おちるのは、地きゅうの 引力の あらわれなのです。

*2うちゅうステーションや ロケットは、地きゅうの まわりを いきおい よく

① ものには みんな、どのような 力が ありますか。（一つ10点）

［　　　　］と いう、あい手を ［　　　　］力。

② 遠心力とは、どんな 力ですか。（一つ10点）

ものを いきおい よく ［　　　　］ときに はたらく、［　　　　］へ 行こうと する 力。

③ うちゅうでは、何《なに》と 何が つり合って、むじゅう力に なるのですか。（一つ10点）

うちゅうステーションの

点《てん》

回《まわ》って　います。ハンマーなげのように、ものを　いきおい　よく　回すと、遠《とお》くへ行《い》こうと　する　力が　はたらきます。これを、遠心力《えんしんりょく》と　いいます。この　うちゅうステーションの　遠心力と地きゅうの　引力が　つり合《あ》って、むじゅう力に　なるのです。

（中りゃく）

むじゅう力では、おもさをかんじないので、手足を　つかって、強い力を　出す　ことが　ほとんど　ありません。そのため、ほねや　きんにくが　弱《よわ》り、地きゅうに　もどると、歩《ある》けない　こともあります。うんどうが、それをふせぐのです。

（山本省三《やまもとしょうぞう》『もしも宇宙《うちゅう》でくらしたら』ＷＡＶＥ出版《しゅっぱん》）

＊1むじゅう力…おもさを　かんじない　こと。

＊2うちゅうステーション…うちゅう船《せん》が　立ちよる　大きな　人工《じんこう》えい星《せい》。

4　なぜ　――のように　なるのは、なぜですか。（一つ５点）

［　　　　］と、［　　　　］の［　　　　］。

むじゅう力では、［　　　　］を　かんじないので、手足を　つかって、［　　　　］を　出す　ことが　ほとんど　ないから。

5　あなたが、むじゅう力の　中で　やって　みたい　ことを　書《か》きましょう。（20点）

ひょうげん力

［　　　　］

ようすを つかむ

◆つぎの 文しょうを 読《よ》んで 答《こた》えましょう。

「いってきまあす。」
きつねの 子は、元気《げんき》よく ドアを
あけました。外《そと》は、つめたい 風《かぜ》が
ぴゅうぴゅう ふいて います。でも、
きつねの 子は、そんなの
へっちゃらです。
「ふふ。あったかい。」
きつねの 子は、お母《かあ》さんが
あんで くれた、ふわふわの
マフラーを まいて いました。
きつねの 子は、スキップしながら、
たぬきの 子の 家《いえ》に むかいました。

（書《か》き下《お》ろし）

場《ば》めんの ようすに 気を つけて 読みましょう。

1 外は、どんな ようすでしたか。（一つ30点）

（　　　　）風が（　　　　）ふいて いた。

「外は」から はじまる 文を よく 読もう。

2 きつねの 子は、どんな ようすで、たぬきの 子の 家に むかいましたか。（40点）

（　　　　）しながら（　　　　）むかった。

点《てん》

18

ものがたり

ようすを つかむ

きほん ★★★

点《てん》

◆つぎの 文しょうを 読《よ》んで 答《こた》えましょう。

けさ、園長《えんちょう》さんは、アライグマの
ホルくんに
「おはよ」って 声《こえ》を かけて、つづいて
となりの キリンの カンコさんに、
「おは……」と いいかけて、
たちどまりました。
カンコさんは、四本の あし ぜんぶで、
つまさきだちして いるのです。
首《くび》を ぐぐっと のばして、しっぽも
ぴんと させて、せのびして います。

（角野栄子《かどのえいこ》『カンコさんのとくいわざ』クレヨンハウス）

カンコさんの ようすは さいごの 文を 読むと 分《わ》かるね。

1 園長さんが、たちどまったのは なぜですか。（一つ20点）

キリンの ［　　］さんが、
［　　］の あし ぜんぶで ［　　］して
いたから。

2 カンコさんは、どんな ようすで せのびして いますか。（一つ20点）

首を ［　　］
のばして、しっぽも ［　　］
させて、せのびして いる。

ようすを つかむ

◆つぎの 文しょうを 読《よ》んで 答《こた》えましょう。

「おばあちゃん、まだかなあ。」
せいたは、ぼんやりと まどの 外《そと》を
見ながら 言《い》いました。
今日《きょう》は、日曜日《にちようび》。近《ちか》くに すんで いる
おばあちゃんが、手作《てづく》りの おだんごを
もって、あそびに 来《き》て くれる 日です。
だいどころで、お茶《ちゃ》の よういを して
いる お母《かあ》さんは、楽《たの》しそうに 歌《うた》を
歌って います。
「ぼく、むかえに
行《い》こうかな。」
せいたは、言いました。

（書《か》き下《お》ろし）

とう場《じょう》人ぶつの ようすを あらわす ことばや 文を さがして 読みましょう。

1 せいたは、どんな ようすで ——と 言いましたか。（一つ30点）

［　　　　］と まどの 外を ［　　　　］言った。

2 だいどころに いる お母さんは、どんな ようすでしたか。（40点）

［　　　　］に 歌を 歌って いた。

20
ものがたり
ようすを つかむ
きほん ★★★
点《てん》

◆つぎの 文しょうを 読《よ》んで 答《こた》えましょう。

よが あけました。
あさの ひかりを あびて、
竹やぶの 竹の はっぱが、
「さむかったね。」
「うん、さむかったね。」
と ささやいて います。
雪《ゆき》が まだ すこし のこって、
あたりは しんと して います。
どこかで、小さな こえが しました。
「よいしょ、よいしょ。おもたいな。」
竹やぶの そばの ふきのとうです。
雪の 下に あたまを 出して、雪を
どけようと、ふんばって いる ところです。

（令和《れいわ》2年度版《ねんどばん》 光村図書《みつむらとしょ》『こくご 二上 たんぽぽ』14～16ページより
「ふきのとう」くどうなおこ）

1 ――の ことばを ささやいて いるのは、だれですか。（25点）

［　　　　］の はっぱ。

2 ふきのとうは、何《なに》を して いますか。（一つ25点）

［　　　　］の 下に
［　　　　］を 出して、
雪を どけようと、
［　　　　］ いる。

ようすを　つかむ

◆つぎの　文しょうを　読《よ》んで　答《こた》えましょう。

あなぐまの　モンタンは、森の
せんたくやさんです。
　モンタンが　かえる　とちゅう、空には、
星《ほし》が　またたきはじめました。
一日じゅう　つよい　風《かぜ》が
ふきあれたせいか、空は　すみきって、
星が　いつにも　まして　ぴかぴか
ひかって　います。
　モンタンが　店《みせ》に　つくと、店の
そばに　ある　サイカチの　木の　えだに、
白い　雲《くも》の　かたまりのような　ものが
ひっかかって　いました。
「あれっ、もしかして……？」
ながい　ぼうで　おとして　みると、

れんしゅう ★★★

点《てん》

1 空は、どんな　ようすでしたか。（一つ10点）

空は（　　　　）、
星が　いつにも　まして（　　　　）ひかって　いた。

2 サイカチの　木の　えだに、どんな
ものが　ひっかかって　いましたか。（15点）

白い（　　　　）の
ような　もの。

3 ひっかかって　いた　ものは、
何《なん》でしたか。（15点）

やっぱり　ミトンでした。
「きっと、るすの　あいだに　とんで
きたんだ。わあ、ここにも　とんで
くるなんて……。これが、もしも
ぼくの　ものに　なったら、どんな
いい　ものに　しようかな。」
モンタンは、ちょっと　かんがえてから、
ミトンを　ほほに　あてて、うっとりと
目を　つぶりました。
「ああ、いい　きもち。冬《ふゆ》、せんたくで
つめたく　なった　手を　これに
いれたら、あったかいだろうなあ。」

（茂市久美子《もいちくみこ》『風の子のミトンとあなぐまモンタン』Gakken）

4 モンタンは、ちょっと　かんがえてから　どう　しましたか。（一つ10点）

（　　　　）

ミトンを（　　　　）に
あてて、（　　　　）と
目を（　　　　）。

5 モンタンは、どんな　ことを思《おも》いうかべましたか。（一つ10点）

（　　　　）、せんたくで
つめたく　なった　手を　ミトンに
いれたら、（　　　　）
だろうと　いう　こと。

ようすを つかむ

点《てん》

◆つぎの 文しょうを 読《よ》んで 答《こた》えましょう。

ある、天気の いい 日に、ぼうしを かぶった おにの 子は、川岸《かわぎし》を あるいて いて、水ぎわで ねむって いる わにに 出会《であ》いました。

わにを 見るのは 生まれて はじめてなので、おにの 子は、そばに しゃがんで、*しげしげと ながめました。

そうとう 年を とって いて、はなの 頭《あたま》から しっぽの 先まで、しわしわ くちゃくちゃです。人間《にんげん》で いえば、百三十さいくらいの かんじ。

わには、ぜんぜん うごきません。

しんで いるのかも しれない――と、おにの 子は 思《おも》いました。

1 おにの 子は、どんな わにに 出会いましたか。（一つ15点）

川岸の［　　　］で［　　　］いる わにに 出会った。

2 わにを どんなふうに ながめましたか。（一つ15点）

おにの 子は、［　　　］に しゃがんで、［　　　］と ながめた。

「ながめました」と いう ことばが ある 文を よく 読もう。

「わにの　おじいさん。」
と　よんで　みました。
わには、目を　つぶり、じっと　した
まま。
あ、おじいさんで　なくて、
おばあさんなのかも　しれない――と
思いました。
「わにの　おばあさん。」
やっぱり、わには　ぴくりとも
うごきません。

（令和《れいわ》2年度版《ねんどばん》 教育出版《きょういくしゅっぱん》『ひろがることば 小学国語《こくご》 二上』100～103ページ
より「わにのおじいさんのたからもの」かわさきひろし）

＊しげしげ…じっと。よくよく。

3 おにの　子が　出会ったのは、
どんな　わにでしたか。（一つ10点）

そうとう（　　　　）いて、
はなの　頭から　しっぽの　先まで、（　　　　）
な　わに。人間で　いえば、（　　　　）さいくらいの　かんじ。

4 おにの　子が「しんで　いるのかも
しれない」と　思ったのは　なぜですか。（10点）

わにが、ぜんぜん
（　　　　）から。

――の　前《まえ》の　ぶぶんから、
わにの　ようすを　読みとろう。

23

ものがたり

ようすを つかむ

おうよう ★★★

◆つぎの 文しょうを 読《よ》んで 答《こた》えましょう。

うさぎの お母《かあ》さんが、おばあさんの びょうきみまいに でかける ことに なりました。

こうさぎは、ひとりぼっちで おるすばんです。

「いつごろ 帰《かえ》って くるの？」

と、こうさぎが ききました。

「夕がたに なると 思《おも》いますよ。」

「そんなに おそく？」

こうさぎは、心《こころ》ぼそそうに ききました。

「おばあさんの うちは、となりの 森の、もう ひとつ さきの 森の おくですからね。なるべく、明《あか》るい うちに 帰って くる つもりだけど。」

1 こうさぎは、何《なに》を しますか。（一つ15点）

（　　　　）で（　　　　）を する。

2 こうさぎは、どんな ようすで ——と ききましたか。（15点）

（　　　　）に きいた。

3 お母さんが した ことや、する ことを まとめましょう。（一つ15点）

点《てん》

お母さんは、朝《あさ》ごはんの　あとかたづけを　しながら　いいました。

「おひるに　なったら、どう　すれば　いいの？」

こうさぎが、また　ききました。

「戸《と》だなの　なかに　そろえて　ありますよ。」

お母さんは　エプロンを　はずし、たたんで　たなの　上に　おきながら　いいました。

こうさぎが　戸だなを　のぞいて　みると、ジュースの　はいった　コップや、パイの　のった　おさらが　みえました。


こうさぎは、とたんに にこにこして、「まあ、こんなに　たくさん、いつの　まに　つくったの？」

「けさ、はやくですよ。」


（もりやまみやこ「おかあさんになったつもり」・『もりやまみやこ童話《どうわ》選《せん》2』ポプラ社《しゃ》）

いつ	した　ことや、する　こと
はやく。（　　）、	ジュースや（　　）を　つくった。
朝ごはんの　あと。	・あとかたづけを　した。 ・おばあさんの（　　）に　でかける。
夕がた	帰って　くる。

4　戸だなを　のぞいた　こうさぎは、どんな　ようすに　なりましたか。（10点）

とたんに（　　　　）した。

24

ものがたり

ようすを　つかむ

おうよう　★★★

◆つぎの　文しょうを　読《よ》んで　答《こた》えましょう。

むかし　むかし、あったとさ。
はらぺこきつねが　あるいて　いると、
やせた　ひよこが　やって　きた。がぶりと
やろうと　思《おも》ったが、やせて　いるので
考《かん》えた。太《ふと》らせてから　たべようと。
そうとも。よく　ある、
よく　ある　ことさ。
「やあ、ひよこ。」
「やあ、きつねお兄《にい》ちゃん。」
「お兄ちゃん？
やめて　くれよ。」
きつねは、ぶるると　みぶるいした。
でも、ひよこは　目を　丸《まる》く　して　言《い》った。
「ねえ、お兄ちゃん。どこかに　いい
すみか、ないかなあ。こまってるんだ。」

❶ きつねが　あるいて　いると、だれが　やって　きましたか。（10点）
やせた　（　　　　）。

❷ きつねは、どう　しようと　考えましたか。（一つ15点）
ひよこを　（　　　　）から
（　　　　）と　考えた。

❸ きつねは、心の　中で　にやりと　わらって、何《なん》と　言いましたか。（15点）
「よし　よし、（　　　　）に

点《てん》

きつねは、心《こころ》の　中で　にやりと　わらった。
「よし　よし、おれの　うちに　きなよ。」
すると、ひよこが　言ったとさ。
「きつねお兄ちゃんって、やさしいねえ。」
「やさしい？　やめて　くれったら、
そんな　せりふ。」
でも、きつねは、生まれて　はじめて
「やさしい」なんて　言われたので、
すこし　ぼうっと　なった。
ひよこを　つれて　かえる　とちゅう、
「おっとっと、おちつけ　おちつけ。」
切《き》りかぶに　つまずいて、ころびそうに
なったとさ。
きつねは、ひよこに、それは　やさしく
たべさせた。そして、ひよこが「やさしい
お兄ちゃん」と　言うと、ぼうっと　なった。

（令和《れいわ》2年度版《ねんどばん》 教育出版《きょういくしゅっぱん》『ひろがることば 小学国語《こくご》 二上』70～73ページより「きつねの　おきゃくさま」あまんきみこ）

きなよ。」

4 きつねが、すこし　ぼうっと　なったのは、なぜですか。（一つ15点）

生まれて（　　　　）、
「（　　　　）」なんて
言われたから。

5 「ぼうっと　なった」とき、きつねは　どんな　気もちだったと　思いますか。（15点）

（　　　　）

ひょうげん力

（　　　　）

きつねは、どんな　ときに「ぼうっと　なった」かな？　その　ときの　気もちを　そうぞうして　みよう。

じゅんじょに 気を つけて 読《よ》む

きほん ★★★

点《てん》

◆つぎの 文しょうを 読《よ》んで 答《こた》えましょう。

ラムネの びんには、ビー玉が 入って いますね。どのように して 入れるのか、見て みましょう。

あ、ビー玉が 入る 大きさの 口の びんを よういします。

い、その 中に ビー玉を 入れます。

う、びんの 口の ところを、ねつで やわらかく して、ビー玉が 通《とお》れないくらいの 細《ほそ》さに します。

こうして、ラムネの びんが かんせいします。


（書《か》き下《お》ろし）

あ・い・うには、じゅんじょを あらわす ことばが 入るよ。

じゅんじょを あらわす ことばに 気を つけて 読みましょう。

1 あ・い・うに 入る ことばを、□から えらんで 書《か》きましょう。（一つ20点）

つぎに　さいごに　はじめに

あ（　　）

い（　　）

う（　　）

2 ビー玉を 入れた 後《あと》、びんを どう しますか。（一つ20点）

びんの 口の ところを、
（　　）で
（　　）
して、細く する。

じゅんじょに 気を つけて 読《よ》む

きほん ★★★

点《てん》

◆つぎの 文しょうを 読《よ》んで 答《こた》えましょう。

田んぼで そだった いねは、どのように 米《こめ》に なるのでしょう。

はじめに、コンバインと いう きかいで、いねを ねもとから かりとりながら、同時《どうじ》に、いねの 先の 「もみ」と いう ぶぶんを 切《き》りはなします。

つぎに、もみを、かんそうきで かわかします。

さいごに、もみすりきと いう きかいで、もみがらを とりのぞくと、米が 出て きます。この 米は、「げん米《まい》」と いいます。


（書《か》き下《お》ろし）

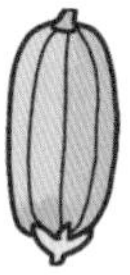
▲もみ

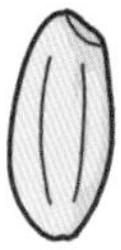
▲げん米

1 はじめに、コンバインで 何《なに》を しますか。（一つ20点）

・いねを ねもとから （　　　　）。

・いねの 先の 「（　　　　）」の ぶぶんを 切りはなす。

2 さいごに、何を すると、米が 出て きますか。（一つ20点）

（　　　　）と いう きかいで、（　　　　）を （　　　　）。

◆ つぎの 文しょうを 読《よ》んで 答《こた》えましょう。

ふん火は なぜ おきるのでしょうか。
まず、地《ち》きゅうの 地《じ》めんの 下の マントルと いう ところで、岩石《がんせき》が どろどろに とけた 「マグマ」が できます。この マグマは 少《すこ》しずつ 上に のぼって、地めんに 近《ちか》い ところで たまります。（中りゃく）
たまった マグマが、地めんを つきやぶって ふき出して くるのが ふん火です。

（大山光晴《おおやまみつはる》 総合監修《そうごうかんしゅう》『なぜ？どうして？科学《かがく》のお話《はなし》2年生』Gakken）

じゅんじょを あらわす ことばに 気を つけて 読みましょう。

❶ ふん火が おきる とき、まず どこで、何《なに》が できますか。（一つ25点）

地きゅうの 地めんの 下の ［　　　　］で、「［　　　　］」が できる。

❷ たまった マグマが どう なると、ふん火が おきるのですか。（一つ25点）

地めんを ［　　　　］［　　　　］くる。

28 せつ明文《めい》

じゅんじょに 気を つけて 読《よ》む

きほん ★★★

点《てん》

◆つぎの 文しょうを 読《よ》んで 答《こた》えましょう。

口から 入った 食《た》べものは、はじめに、「い」と いう ふくろに 入って、どろどろに とかされます。
つぎに、「小ちょう」に 入り、えいようが 体《からだ》の 中に とりこまれます。
それから、「大ちょう」で、水分《すいぶん》が 体の 中に とりこまれます。
さいごに、のこった かすが、「こうもん」と いう おしりの あなから うんちと して 外《そと》に 出されます。

（書《か》き下《お》ろし）

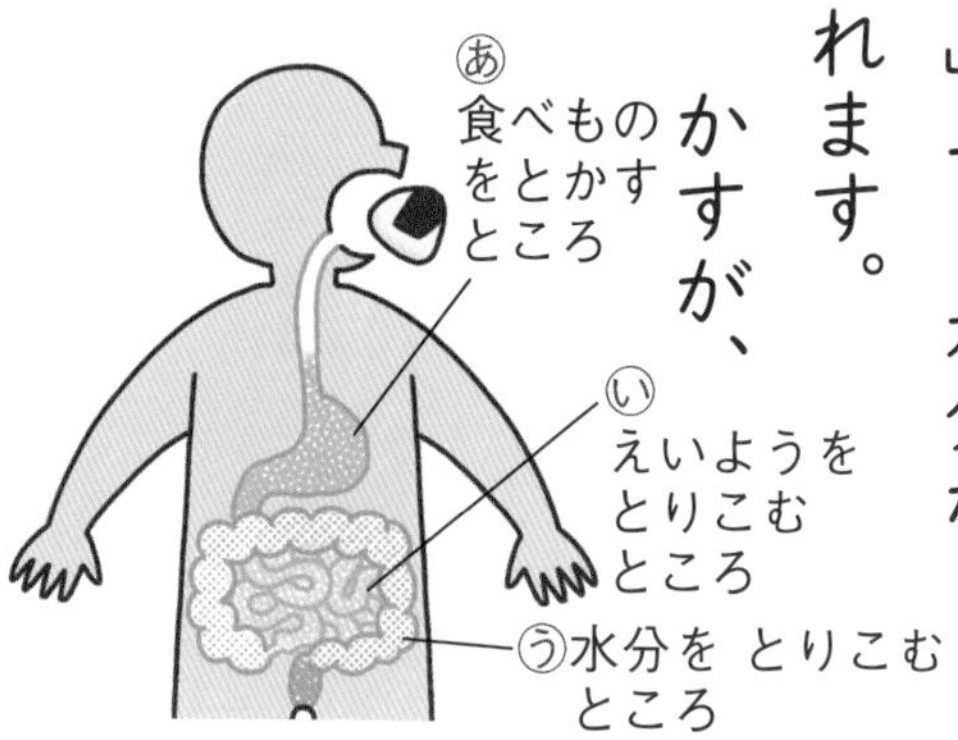

1 上の 絵《え》の Ⓐ・Ⓘ・Ⓤの 名前《なまえ》を 書きましょう。（一つ25点）

Ⓐ「　　」

Ⓘ「　　」

Ⓤ「　　」

2 さいごに、うんちと して 外に 出されるのは、どんな ものですか。（25点）

食べものの のこった「　　」。

文しょうと 絵を たしかめながら 読もう。

じゅんじょに 気を つけて 読《よ》む

◆つぎの 文しょうを 読《よ》んで 答《こた》えましょう。

春《はる》に なると、たんぽぽの 黄色《きいろ》い きれいな 花が さきます。

二、三日 たつと、その 花は しぼんで、だんだん 黒《くろ》っぽい 色に かわって いきます。そうして、たんぽぽの 花の じくは、ぐったりと 地《じ》めんに たおれて しまいます。

けれども、たんぽぽは、かれて しまったのでは ありません。花と じくを しずかに 休ませて、たねに、たくさんの えいようを おくって いるのです。こうして、たんぽぽは、

1 たんぽぽの 花は、さいて 二、三日 たつと、どう なりますか。（一つ10点）

花は （　　　　）、だんだん （　　　　） 色に かわって いく。

「二、三日 たつと」と いう ことばが ある 文を よく 読もう。

2 ——の とき、たんぽぽは、何《なに》を して いますか。（一つ15点）

花と じくを しずかに （　　　　）、たねに、たくさんの （　　　　）を

点《てん》

たねを　どんどん　太《ふと》らせるのです。
やがて、花は　すっかり　かれて、その
後《あと》に、白い　わた毛《げ》が　できて　きます。
この　わた毛の　一つ一つは、
広《ひろ》がると、ちょうど
らっかさんのように　なります。
たんぽぽは、この　わた毛に　ついて
いる　たねを、ふわふわと　とばすのです。
この　ころに　なると、それまで
たおれて　いた　花の　じくが、
また　おき上がります。

（令和《れいわ》２年度版《ねんどばん》光村図書《みつむらとしょ》『こくご二上　たんぽぽ』42〜45ページより
「たんぽぽの　ちえ」うえむらとしお）

おくって　いる。

3 花が　かれた　後、何が　できて
きますか。（10点）

白い　［　　　　］。

4 ③の　ものには、何が　ついて
いますか。（10点）

［　　　　］

5 わた毛が　できて　くる　ころ、
たんぽぽは、どう　なりますか。（一つ15点）

それまで　［　　　　］

いた　花の　じくが、また

［　　　　］。

じゅんじょに 気を つけて 読《よ》む

れんしゅう ★★★

点《てん》

◆つぎの 文しょうを 読《よ》んで 答《こた》えましょう。

とび出す カードの 作《つく》り方《かた》を せつめいします。

はじめに、ばねを 作ります。画《が》用《よう》紙《し》を、たて一センチメートル、よこ十五センチメートルに 切《き》った ものを 二まい よういします。これを、たてむきと よこむきに して、はしを かさねます。そして、下に なって いる 画用紙に かさねるように おります。同《おな》じように、下の 画用紙を 上へ おるのを くりかえすと、ばねが できあがります。

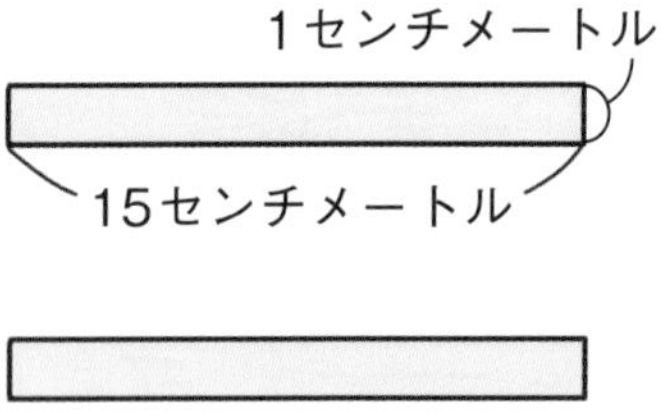

1センチメートル
15センチメートル

1 上の 文しょうは、何《なに》に ついて せつめいして いますか。（一つ15点）

［　　　　］の［　　　　］。

2 はじめに よういした 二まいの 画用紙を、どのように かさねますか。（　）に ○を つけましょう。（10点）

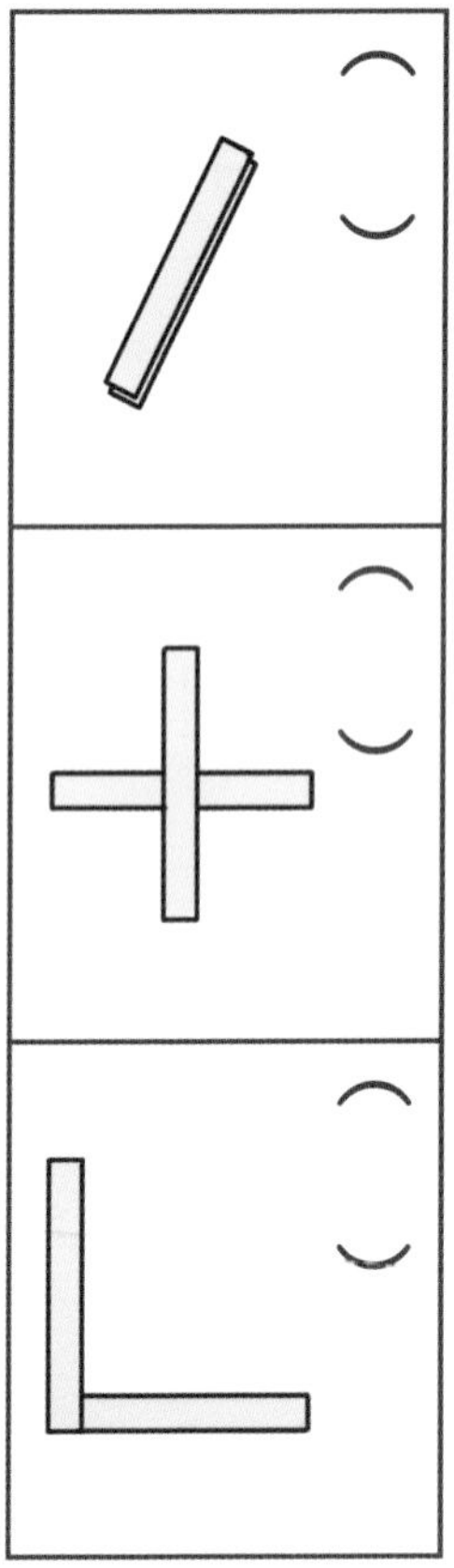

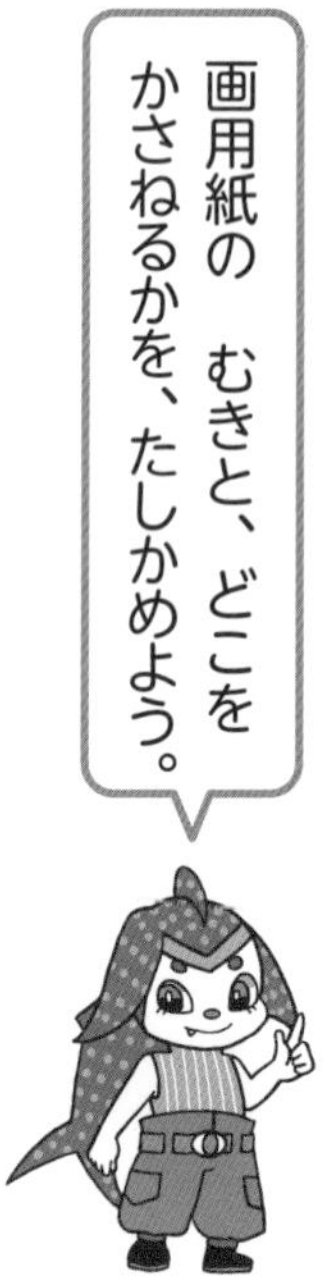

画用紙の むきと、どこを かさねるかを、たしかめよう。

つぎに、ばねの　上と　下に、
りょうめんテープを　つけて、
下の　方《ほう》を、二つおりに　した
カードに　はりつけます。

　それから、ばねに　つけたい
絵《え》を、画用紙に　かきます。
とび出すと　楽《たの》しい、おばけや
花たばなど、すきな　ものを
かきましょう。

　さいごに、絵を　切《き》りとって、
ばねに　はりつけ、あいて　いる
ところに　絵を　かいたら、
とび出す　カードの　かんせいです。

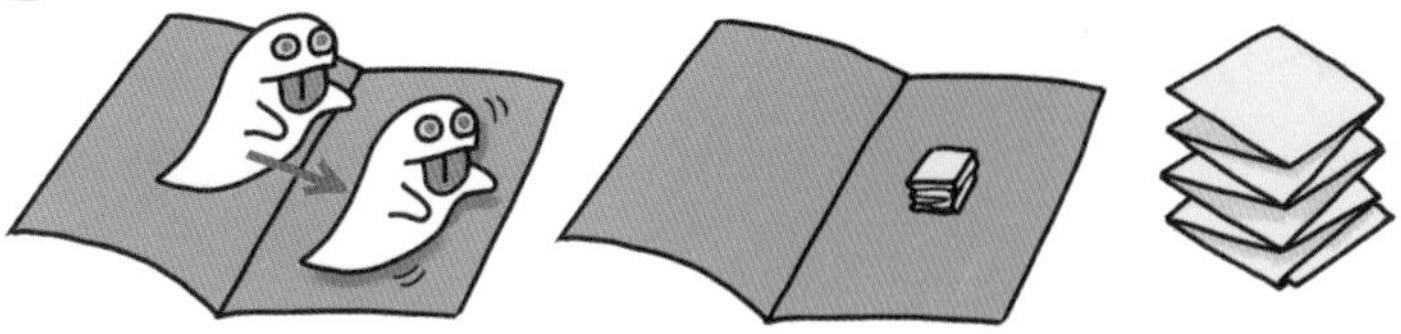

（書《か》き下《お》ろし）

「はじめに」「つぎに」などの　ことばに
気をつけて　読めたかな。

3 ばねが　できあがったら、つぎに
何を　しますか。（一つ10点）

ばねの（　　）に、
（　　）を
つけて、二つおりに　した　カードに
（　　）。

4 3の　後《あと》、何を　しますか。（一つ10点）

ばねに　つけたい（　　）を、
画用紙に　かく。
⬅
切りとって、（　　）に
はりつけ、（　　）
ところに　絵を　かく。

31 せつ明文《めい》

じゅんじょに 気を つけて 読《よ》む

◆つぎの 文しょうを 読《よ》んで 答《こた》えましょう。

〔ホタルの よう虫は、水の 中で そだつ。〕

二十～三十ミリの 大きさに なった よう虫は、四月 おわりごろの 雨の ふる 夜《よる》に 水の 中から 出て、川ぎしに 上がります。

ゲンジボタルの よう虫は おしりの 先の りょうがわから 光《ひかり》を 出します。雨の 夜、たくさんの よう虫が 上りくする *光《こう》けいは みごとです。

川ぎしに 上がった よう虫は やわらかい 土の 地下数《ちかすう》センチの ところに もぐりこみます。そして、口から えき体《たい》を 出して まわりの 土を かため、〝土まゆ〟を 作《つく》ります。

❶ ホタルの よう虫は、いつ 川ぎしに 上がりますか。（一つ15点）

〔　　　　〕おわりごろの 雨の ふる 〔　　　　〕。

❷ 川ぎしに 上がった よう虫は、どう しますか。（一つ15点）

・やわらかい 〔　　　　〕の 地下数センチの ところに もぐりこむ。

・口から えき体を 出して、〔　　　　〕を 作る。

おうよう ★★★

点《てん》

土まゆの　中で　よう虫は
体《からだ》を　丸《まる》く　して　います。
　そして、やく五週間後《ごしゅうかんご》　ようやく
だっぴして　さなぎに　なるのです。
　さなぎに　なった　ばかりの　白っぽい
体は　時間《じかん》が　たつに　つれて
色《いろ》が　こく　なって　いきます。

（中りゃく）

　さなぎで　二週間ほど　すごした　のち、
いよいよ　＊2羽化《うか》が　はじまります。
羽化したばかりの　せい虫の　羽《はね》は
まだ　やわらかく、色も　うすい　黄色《きいろ》です。
　そして、二、三日後、羽が　かたく、
黒《くろ》く　なった　せい虫は　土まゆを
こわし、地上《ちじょう》に　出て　きます。

（佐々木崑《ささきこん》『ホタルの一生』フレーベル館《かん》）

＊1光けい…その場《ば》で　見える　けしきや　ようす。
＊2羽化…こん虫の　さなぎなどが、かわを　ぬいで、せい虫（大人《おとな》）に　なる　こと。

3　さなぎの　体の　色は、どう　かわりますか。（一つ15点）

さなぎに なった ばかり	時間が たつと
（　　　）っぽい。	色が（　　　）なって くる。

4　せい虫が　地上に　出て　くるのは、いつですか。一つ　えらんで、○を　つけましょう。（10点）

（　）羽化して　五週間後。
（　）羽化して　二週間後。
（　）羽化して　二、三日後。

じゅんじょに 気を つけて 読《よ》む

◆つぎの 文しょうを 読《よ》んで 答《こた》えましょう。

トイレットペーパーが、どのように 作《つく》られるのかを 見て いきましょう。

はじめに、「チップ」と よばれる、木を 細《こま》かく 切《き》った ものを、大きな かまで ぐつぐつ にて、木の 「せんい」を とり出します。これを、くすりを つかって 白く します。これを、「パルプ」と いいます。

つぎに、パルプに 水を くわえて どろどろに して、あみの 上に うすく 広《ひろ》げます。その 上に、フェルトと いう ぬのを のせて、ローラーに かけます。

▲パルプ

1 トイレットペーパーを 作る とき、はじめに 何《なに》を しますか。（一つ15点）

「チップ」から、木の 「（　　　）」を とり出し、白く して、「（　　　）」を 作る。

2 つぎに、何を しますか。（一つ15点）

パルプに （　　　）を くわえて どろどろに して、（　　　）の 上に うすく 広げる。

点《てん》

こう　すると、水を　しぼりとる　ことが　できます。
さいごに、大きな　ドライヤーで　かわかして、ローラーで　まきとると、トイレットペーパーが　できあがります。
できあがった　トイレットペーパーは、この　後《あと》、わたしたちが　見なれて　いる　しんに　まきとられて、カットされます。

（書《か》き下《お》ろし）

3　2の　ものから、水を　しぼりとる　ために　何を　しますか。一つ　えらんで、○を　つけましょう。（10点）

（　）フェルトを　のせて、おもしを　のせる。

（　）フェルトを　のせて、ローラーに　かける。

（　）大《あ》きな　ドライヤーで、ローラーに　風《かぜ》を　当てる。

4　さいごに　何を　しますか。（一つ10点）
大きな　ドライヤーで　かわかして、

［　　　　　］で［　　　　　］。

ひょうげん力　5　どのように　作られるのかを　知《し》りたい　ものを　書《か》きましょう。（10点）

［　　　　　］

何《なに》が　おこったかを　つかむ

きほん ★★★

点《てん》

◆つぎの　文しょうを　読《よ》んで　答《こた》えましょう。

よく　晴《は》れた　秋《あき》の　日。
りすは、森で　どんぐりを　ひろって　いました。
かご　いっぱいに　どんぐりを　ひろって、うちへ　帰《かえ》ろうと　した　とき、空が　きゅうに　くらく　なって、大つぶの　雨が　ふって　きました。
りすが、どう　しようかと　思《おも》って　いると、どこからか、「りすさん、こっち、こっち。」と　いう　声《こえ》が　しました。

（書《か》き下《お》ろし）

できごとに　気を　つけて　読みましょう。

1　りすが、うちへ　帰ろうと　した　とき、何《なに》が　おきましたか。（一つ25点）

空が　きゅうに　〔　　　〕　なって、大つぶの　〔　　　〕が　ふって　きた。

2　りすが、どう　しようかと　思って　いると、どんな　ことが　おきましたか。（50点）

「帰ろうと　した　とき」と　いう　ことばを　さがして、その　後《あと》を　よく　読もう。

どこからか、

「〔　　　　　　〕。」

と　いう　声が　した。

34

ものがたり

何《なに》が　おこったかを　つかむ

きほん ★★★

点《てん》

◆つぎの　文しょうを　読《よ》んで　答《こた》えましょう。

山は　みどりで　むんむんして　いました。
てっぺんまで　いかない　うちに、オニの
子は、おなかが　すいて　しまいました。
おべんとうに　しようかと
立ちどまった　とき、オニの　子は、
きゅうに　目が　見えなく　なりました。
なにかが　ぴたっと　かおに
かぶさって、目かくしを　したのです。
「な、なんだ、どう　したんだ。」
いそいで　かおから
はがして　みると、
まっくろに　よごれた
タオルです。

（川崎《かわさき》　洋《ひろし》「タオルの海《うみ》」・『ぼうしをかぶったオニの子』あかね書房《しょぼう》）

1 オニの　子が、きゅうに　目が　見えなく　なったのは、なぜですか。（一つ25点）

なにかが　ぴたっと　かおに
（　　　）、（　　　）を　したから。

「きゅうに　目が　見えなく　なりました」と　いう　ことばの、後《あと》の　文を　読もう。

2 かおに　かぶさった　ものは、何《なん》でしたか。（一つ25点）

（　　　）に　よごれた
（　　　）。

何《なに》が おこったかを つかむ

◆つぎの 文しょうを 読《よ》んで 答《こた》えましょう。

こまったおばさんが、 たまごを、
ポン
と わったら、 中から、 ちびライオンが
でて きました。
「ひゃあ、 こまった！ どう しよう。」
にげようと すると、 ちびライオンが、
こまったおばさんの、 えりくびに
くいついて、 とびあがったのです。
なんと、 ライオンには、 はねが
はえて いたのでした。
ライオンは、 こまったおばさんを
くわえた まま、 とんで、 とんで、
海《うみ》まで きて しまいました。

（寺村輝夫《てらむらてるお》「こまったおばさん それからどうした」・『こまったおばさん それからどうした』講談社《こうだんしゃ》）

どんな ことが あったかに 気を つけて 読みましょう。

1 たまごの 中から、 何《なに》が 出て きましたか。（40点）

［　　　　］

こまったおばさんが、 たまごを わったんだね。

2 とびあがった ちびライオンは、 どう しましたか。（一つ30点）

［　　　　］を くわえた まま、 とんで、 とんで、［　　　　］まで きた。

点《てん》

36 ものがたり

何《なに》が おこったかを つかむ

きほん ★★★

点《てん》

◆つぎの 文しょうを 読《よ》んで 答《こた》えましょう。

ある ばんの こと、ねむって いた スーホは、はっと 目を さましました。けたたましい 馬《うま》の 鳴《な》き声《ごえ》と、ひつじの さわぎが 聞《き》こえます。スーホは、はねおきると 外《そと》に とび出し、ひつじの かこいの そばに かけつけました。見ると、大きな おおかみが、ひつじに とびかかろうと して います。そして、わかい 白馬《しろうま》が、おおかみの 前《まえ》に 立ちふさがって、ひっしに ふせいで いました。

（令和《れいわ》2年度版《ねんどばん》 光村図書《みつむらとしょ》『こくご 二下 赤とんぼ』112ページより 「スーホの白い馬」 おおつかゆうぞう）

1 何《なに》が おこって いましたか。ひつじの かこいの そばで、（一つ25点）

大きな 〔　　　〕が、ひつじに 〔　　　〕と して いた。

2 わかい 白馬は、何を して いましたか。（一つ25点）

おおかみの 前に 〔　　　〕、ひっしに 〔　　　〕 いた。

37

ものがたり

何《なに》が おこったかを つかむ

れんしゅう ★★★

点《てん》

◆つぎの 文しょうを 読《よ》んで 答《こた》えましょう。

レオくんは、はみがきの チューブを
つついて、いいました。
「アイスクリームに なれ。アイスクリームに
なったら、みがいて やる。」
すると、ほんとうに、アイスクリームに
なりました。
「しめた。」
レオくんは、おいしい アイスクリームを、
はブラシに つけて、コシキシ、はを
みがきました。
が――。
いままで、きが つかなかったのです。
レオくんの、おくばが、むしばに なって

1 レオくんが、――と いうと、どう なりましたか。（一つ15点）

（　　　）の チューブの 中みが、（　　　）に なった。

2 レオくんは、はを みがきはじめて、どんな ことに きが つきましたか。（一つ10点）

レオくんの （　　　）が、（　　　）に なって いた こと。

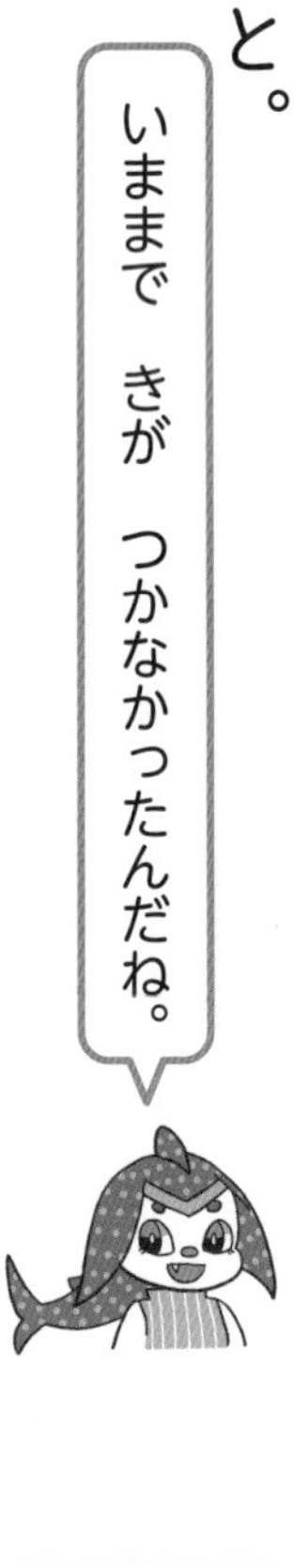

いたのです。つめたい　アイスクリームが、
むしばの　あなに　はいったから
たまりません。
「いた、たたたたっ。」
あわてて、水で　ゆすぎました。
つぎの　日、やっぱり、チューブから
でて　きたのは、アイスクリームでした。
「こんなんで　みがいたら、むしばが
もっと　わるく　なる。」
レオくんは、はみがきの　チューブを、
ゆかに　たたきつけました。
すると、チューブが、
「よくも　やったな。」
と、たちあがりました。

（寺村輝夫《てらむらてるお》「はみがきロケット」・『トコおばさん　それからどうした』講談社《こうだんしゃ》）

3 レオくんが、あわてて　水で　ゆすいだのは、なぜですか。（一つ10点）

〔　　　　　〕アイスクリームが、
むしばの　〔　　　　　〕に　はいって、
いたかったから。

「あわてて、水で　ゆすぎました。」と　いう　文の　前《まえ》の　ぶぶんを　よく　読もう。

4 レオくんが、チューブを　ゆかに　たたきつけると、どう　なりましたか。（一つ15点）

チューブが、

「〔　　　　　〕。」

と　いって、〔　　　　　〕。

38 ものがたり

何《なに》が おこったかを つかむ

れんしゅう ★★★

◆つぎの 文しょうを 読《よ》んで 答《こた》えましょう。

町はずれの 山の ふもとに、三日月《みかづき》さんと いう なまえの いかけやさんが すんで いました。いかけやさんと いうのは、あなの あいた なべや かまを、しゅうりする 人の ことです。

（中りゃく）

春《はる》の 夜《よる》でした。わかばの かおりが、あたりを やさしく つつんで いました。三日月さんは、ま夜中《よなか》、外《そと》の もの音で 目を さましました。耳を すますと、うらにわから、「えいっ」と いう かわいい かけ声《ごえ》が きこえて きます。

1 三日月さんは、どこに すんで いましたか。（一つ10点）

（　　　）の（　　　）の ふもと。

2 三日月さんが、ま夜中に 耳を すますと、どこから、何《なに》が きこえて きましたか。（一つ10点）

（　　　）から、「（　　　）」と いう、かわいい（　　　）が きこえて きた。

春の 夜の できごとだね。

点《てん》

（こんな　夜《よ》ふけに、だれだろう？）
三日月さんが、カーテンの　すきまから
うらにわを　のぞくと、まっ白な
こだぬきが、月の　光《ひかり》を　うけながら、
ちゅうがえりを　して　いる
ところでした。
（ゆめでも　見てるんだろうか！）
と、その　とき、「えいっ」と
ちゅうがえりを　した　こだぬきが、
おかっぱの　女の子に　かわったのです。
（いやあ、みごとな　もんだ……）

（茂市《もいち》久美子《くみこ》『ゆめをにるなべ』教育画劇《きょういくがげき》）

3　三日月さんが、うらにわを　のぞくと、だれが　何を　して　いましたか。（一つ15点）

まっ白な（　　　　）が、
月の　光を　うけながら、（　　　　）を　して
いた。

4　三日月さんが、——と　思《おも》った　とき、何が　おこりましたか。（一つ10点）

「えいっ」と　ちゅうがえりを
した（　　　　）が、
おかっぱの（　　　　）に
かわった。

——の　後《あと》を　よく　読もう。

39 ものがたり

何《なに》が おこったかを つかむ

おうよう ★★★

◆つぎの 文しょうを 読《よ》んで 答《こた》えましょう。

きが つくと、シマウマの プンダは、みちに まよって、さばくに きて いました。

「ああ、どう しよう。どっちに いったら いいか、わかんない。」

あるいて いる うちに、おなかが すいて きました。でも、さばくには、くさが はえて いません。

「こまったなあ。めが まわるよ。」

プンダは、がまんが できなく なって、じぶんの かげを たべだしました。なめるように、すいこむように、たべて しまいました。

「やれやれ。うまかった。」

ぜんぶ たべおわった とき、さばくが、

1 みちに まよった プンダは、どこに きて いましたか。（10点）

（　　　　）

2 プンダは、何《なに》を たべだしましたか。（10点）

じぶんの（　　　　）。

3 プンダが ぜんぶ たべおわった とき、どう なって いましたか。（一つ10点）

（　　　　）が、いちめん、（　　　　）に なって いた。

点《てん》

いちめん、まっくろに　なって　いました。
「ええっ！」
きが　つくと、プンダは、空に
うかんで　いました。
「わあっ。きもち　いい。」
その　とき、くろい　さばくの　なかで、
なにかが　うごきました。そして、
ゾウが　あらわれたのです。と　いっても、
みえたのは、かげです。
かげは、まっしろでした。
まるで、*オアシスみたいに
みえました。
「あ。うまそうな　水だ。」
プンダは、おりて　いって、
ゾウの　かげを　のみました。

（寺村輝夫《てらむらてるお》「シマウマ・プンダのかげ」・『トコおばさん　それから　どうした』講談社《こうだんしゃ》）

*オアシス…さばくの　中で、水が　わいて　いる　ところ。

4 プンダが　空に　うかんだ　とき、さばくに　何が　みえましたか。（一つ15点）

（　　　　）な　ゾウの
（　　　　）。

5 **4**を　みた　プンダは、どう　しましたか。（一つ15点）

「あ。（　　　　）だ。」
と　言《い》って、さばくに　おりて、
ゾウの　かげを
（　　　　）。

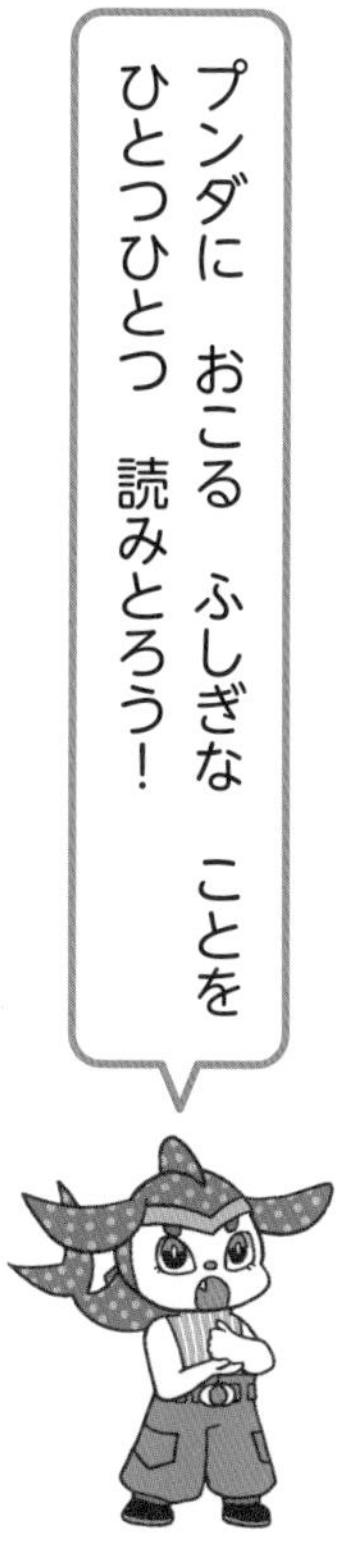
プンダに　おこる　ふしぎな　ことを
ひとつひとつ　読みとろう！

何《なに》が おこったかを つかむ

おうよう ★★★

点《てん》

◆つぎの 文しょうを 読《よ》んで 答《こた》えましょう。

冬《ふゆ》の はじめの、ぽかぽかと
あたたかい 日の ことでした。
ハナさんは、やさい畑《ばたけ》で、だいこんを
ぬいて いました。
「なんて、ぷっくり おいしそうな
だいこん。みごとに できた こと。
くつやの おじいさんに、もって いって
あげなきゃ」
その とき、町の ほうの ドアが、
あいたような 音が しました。
ハナさんが、いそいで へやに はいって
みると、いすの 上に、みなれない
子どもの ＊オーバーが、かかって います。
ハナさんは、テーブルの 下や、

❶ どんな 日の できごとですか。（一つ10点）

〔　　　〕の はじめの、ぽかぽかと
〔　　　〕日。

❷ ハナさんが した ことと、その とき おこった ことは 何《なん》ですか。（一つ10点）

ハナさんが した こと	おこった こと
やさい畑で、だいこんを〔　　　〕いた。	町の ほうの ドアが、〔　　　〕ような 音が した。
いそいで	いすの 上に、

ベッドの　かげを　のぞいて　みました。
でも、だあれも　いません。
「なあんだ。おきゃくさまかと
おもったら、オーバーだけか……」
ハナさんは、ちょっと　がっかりしました。
すると、オーバーが
すいと　うごいて、
「オーバーじゃ、いけないの。
おきゃくさんには、して
くれないの」
と、ボタンの　あなを
ぺくぺく、あけたり
しめたり　して、
口を　きいたのです。

（角野栄子《かどのえいこ》「オーバーくんがきた話《はなし》」・『ハナさんのおきゃくさま』
福音館書店《ふくいんかんしょてん》）
＊オーバー…さむさや　雨を　ふせぐ　ために、ふくの　上に　きる　もの。

子どもの
（　　　　）が、かかって　いた。

（　　　　）に
はいった。

3 ハナさんが、ちょっと
がっかりしたのは、なぜですか。（一つ10点）
（　　　　）が
きたと　おもったら、
（　　　　）
だけだったから。

4 あなたの　家《いえ》に　オーバーが　きたら、
いっしょに　何《なに》を　したいですか。
考《かんが》えて　書《か》きましょう。（20点）

ひょうげん力

（　　　　）

◆つぎの 文しょうを 読《よ》んで 答《こた》えましょう。

クモは、どうして 自分《じぶん》が 作《つく》った すに、引《ひ》っかからないのでしょうか。

クモの すは、よこ糸は ねばねばして いて、くっつく 力が 強《つよ》く、たて糸は あまり くっつきません。クモは、この たて糸を えらんで 歩《ある》きます。

また、クモの あしから あぶらが 出て いて、よこ糸に さわっても、くっつきにくいのです。
□、クモは、自分の すに 引っかからないのです。

（書《か》き下《お》ろし）

□には、文を つなぐ ことばが 入るよ。

文と 文の つながりに 気を つけて 読みましょう。

1 クモの すには、どんな とくちょうが ありますか。（一つ25点）

・（　　）糸は、（　　）して いて、くっつく 力が 強い。

・（　　）糸は、あまり くっつかない。

2 □に 入る ことばを 一つ えらんで、○を つけましょう。（25点）

（　）ところが
（　）だから
（　）でも

42

せつ明《めい》文

文を つなぐ ことばに 気を つけて 読《よ》む

きほん ★★★

点《てん》

◆つぎの 文しょうを 読《よ》んで 答《こた》えましょう。

〔ハエトリソウは、虫などを つかまえて 食《た》べる しょくぶつです。〕

虫たちは、ハエトリソウが おそろしい 虫とり草で ある ことを まったく 知《し》りません。ですから、ハエトリソウの そばを へいきで 歩《ある》いたり、わなの 中へも 入って いきます。

・虫が 葉《は》の みぞに 入り、引《ひ》き金《がね》の はりに ふれると、葉は 二分《ぶん》の 一びょうぐらいの はやさで とじます。

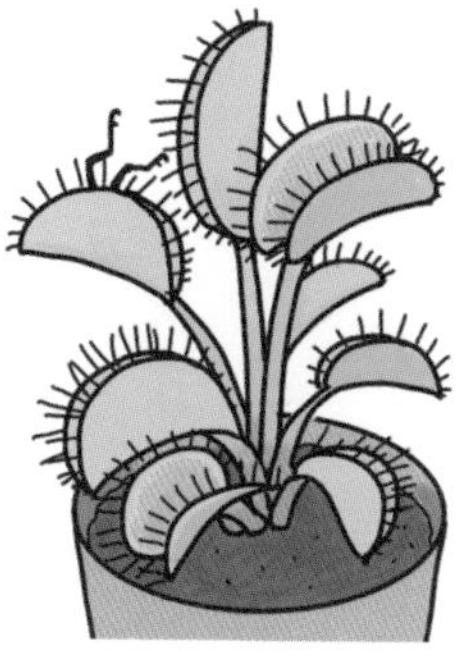

（清水《しみず》 清《きよし》『食虫植物《しょくちゅうしょくぶつ》のひみつ』あかね書房《しょぼう》）

1 虫たちが、――のような ことが できるのは、なぜですか。（一つ25点）

ハエトリソウが おそろしい 〔　　〕で ある ことを まったく 〔　　〕から。

――の 前《まえ》に 「ですから」と あるから、その 前の ぶぶんに 理《り》ゆうが 書《か》れて いるよ。

2 ハエトリソウの 葉は、どう なると とじますか。（一つ25点）

虫が 〔　　〕に 入り、引き金の 〔　　〕に ふれると とじる。

文を つなぐ ことばに 気を つけて 読《よ》む

◆つぎの 文しょうを 読《よ》んで 答《こた》えましょう。

エニシダの 花の おしべと めしべは、はじめ ふなべんと いう ふねのような 形《かたち》を した 花びらの 中に 入って いて 見えません。

□、こん虫が ふなべんに とまると、中から おしべと めしべが とびだして きます。

この とき、おしべの 花《か》ふんは こん虫に つき、こん虫に ついて いた 花ふんは めしべに ついて、*じゅふんが おこなわれるのです。

（清水《しみず》 清《きよし》『植物《しょくぶつ》は動《うご》いている』あかね書房《しょぼう》）

*じゅふん…おしべの 花ふんが めしべに つく こと。

1 エニシダの 花の おしべと めしべは、はじめは どう なって いますか。（一つ35点）

［　　　　］と いう 花びらの 中に ［　　　　］ いて 見えない。

2 □に 入る ことばを 一つ えらんで、○を つけましょう。（30点）

（　）だから

（　）でも

（　）それで

□の 前《まえ》と 後《あと》の 文を よく 読もう。

文をつなぐことばに気をつけて読《よ》む

きほん ★★★

点《てん》

◆つぎの 文しょうを 読《よ》んで 答《こた》えましょう。

木の葉《は》は、太《たい》ようの 光《ひかり》を あびて、木に ひつような えいようを 作《つく》り出《だ》して います。そのため、太ようが 長《なが》く 当《あ》たる 春《はる》から 夏《なつ》に かけて どんどん ふえて 大きく なります。

ところが、秋《あき》や 冬《ふゆ》に なると、太ようの 光が 弱《よわ》く なり 太ようの 出て いる 時間《じかん》も みじかく なるので、えいようを あまり 作る ことが できなく なります。

（佐々木昭弘《ささきあきひろ》監修《かんしゅう》『かがくでなるほど！ みぢかなふしぎ』西東社《せいとうしゃ》）

1 春から 夏に かけて、木の葉は、どう なりますか。（一つ25点）

どんどん（　　　　）、（　　　　）なる。

2 木の葉が 秋や 冬に、えいようを あまり 作る ことが できなく なるのは、なぜですか。（一つ25点）

太ようの 光が（　　　　）なり、太ようの 出て いる 時間も（　　　　）なるから。

「ところが」から はじまる 文を よく 読もう。

文を　つなぐ　ことばに　気を　つけて　読《よ》む

◆つぎの　文しょうを　読《よ》んで　答《こた》えましょう。

地《じ》めんに　生えて　いる　しょくぶつは、体《からだ》に　ひつような　水を　土の　中から　根《ね》を　つかって　すい上げて　います。

□、花びんに　さして　ある　花は、根が　ありませんから、かわりに　くきの　中に　ある　細《ほそ》い　くだを　つかって、花びんの　中に　ある　水を　すい上げて　います。

花びんに　入れた　花が　かれて　しまうのは、この　くだが　だんだん　ふさがって　しまって、水を　すい上げる　ことが　できなく　なって　しまうからです。

1　□に　入る　ことばを　一つ　えらんで、○を　つけましょう。（10点）

（　）だから　（　）そのため

（　）けれど

2　花びんに　さして　ある　花は、何《なに》を　つかって　水を　すい上げますか。（一つ15点）

〔　　　　〕の　中に　ある

細い　〔　　　　〕。

3　花びんに　入れた　花が　かれて　しまうのは、なぜですか。（一つ10点）

水を　すい上げる　〔　　　　〕　〔　　　　〕が、

点《てん》

くだを　ふさいで　しまうのは、花を
切《き》った　ときに　入りこんだ　とても
小さな　空気の　つぶや、花びんの
水に　入って　いる、目には　見えない
小さな　ばいきんです。
　ですから、くきの　中の　くだに
空気が　入らないように、水の　中で
花の　くきを　切ったり、ばいきんが
ふえないように、花びんの　水を
まめに　とりかえて　やると、花を
長《なが》もちさせる　ことが　できます。

（久道健三《ひさみちけんぞう》『かがくなぜどうして　二年生』偕成社《かいせいしゃ》）

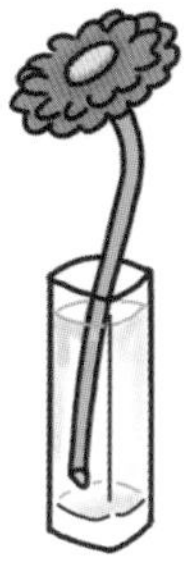

□の　前《まえ》と　後《あと》で、どんな　ことを
せつ明《めい》して　いるかな？

だんだん（　　　　）
しまって、水を
（　　　　）ことが
できなく　なるから。

4　□のように　すると、花を
長もちさせる　ことが　できるのは、
なぜですか。（一つ10点）

　水を　すい上げる　くだを
ふさぐのは、花を（　　　　）
ときに　入りこむ　小さな
（　　　　）や、花びんの
水に　入って　いる　小さな
（　　　　）だから。

文を つなぐ ことばに 気を つけて 読《よ》む

◆つぎの 文しょうを 読《よ》んで 答《こた》えましょう。

テレビや 本などで、うちゅう船《せん》の 中の ようすを 見た ことは、ありませんか。

うちゅう船の 中では、人は ふわふわ うかび、水も 丸《まる》く なって、ぷかぷか ういて います。

でも、うちゅう船の 中の トイレで した うんちや おしっこが、目の 前《まえ》に ぷかぷか うかんで いたら、いやですね。

[ ]、うちゅう船の トイレは、とくべつな しくみに なって いるのです。強力《きょうりょく》な そうじきのような きかいで、

れんしゅう ★★★

❶ うちゅう船の 中の ようすは、どう なって いますか。（一つ10点）

人は ふわふわ（　　　　）、
水も（　　　　）なって、
ぷかぷか（　　　　）いる。

❷ [ ]に 入る ことばを 一つ えらんで、○を つけましょう。（10点）

（　）だから
（　）でも
（　）ところが

❸ うちゅう船の トイレは、どのような しくみに なって いますか。（一つ15点）

点《てん》

うんちゃ　おしっこを、たちまち
すいとって　しまいます。
すいとられた　ものは、きかいで
かわかしてから、細《こま》かく　して、
地《ち》きゅうに　もって　かえります。
　また、トイレの　中で、人が
ふわふわ　ういたら　こまるので、
シートベルトで　体《からだ》を　しっかり
とめます。

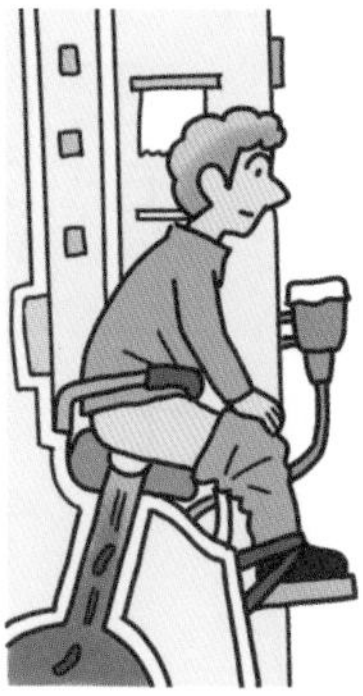

（丹伊田弓子《にいだゆみこ》監修《かんしゅう》『なぜ？どうして？みぢかなぎもん2年生』Gakken）

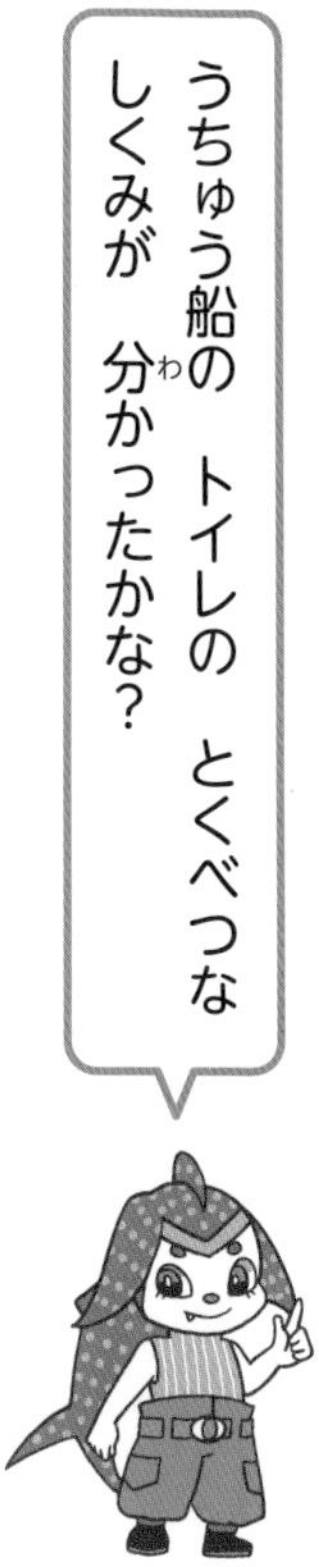
うちゅう船の　トイレの　とくべつな
しくみが　分《わ》かったかな？

強力な（　　　）のような
きかいで、うんちゃ　おしっこを、
たちまち（　　　）
しまう。

4 すいとられた　ものは、どう
しますか。（一つ10点）

きかいで（　　　）から
細かく　して、地きゅうに
（　　　）。

5 トイレの　中で、人が
うかないように　する　ために、
何《なに》を　しますか。（10点）

体を（　　　）で
しっかり　とめる。

せつ明《めい》文

文を つなぐ ことばに 気を つけて 読《よ》む

◆つぎの 文しょうを 読《よ》んで 答《こた》えましょう。

ひなは、地上《ちじょう》を 歩《ある》き回《まわ》る ことは できますが、空を とぶ ことは できません。なぜかと いうと、生まれたての ひなは 羽毛《はねげ》だけで、空を とぶ ための 羽《はね》が ないからです。

羽が 生えるまでには、数《すう》か月《げつ》 かかります。□ ニワトリは、ほかの 野鳥《やちょう》のように、空高《そらたか》く まい上がる ことが できません。

ニワトリと 同《おな》じ なかまの キジや ヤマドリや ライチョウも、生まれると すぐに 歩き回って、えさを ひろいます。キジや ヤマドリは 野鳥ですから、

おうよう ★★★

1 生まれたての ひなが、とぶ ことが できないのは、なぜですか。（一つ10点）

生まれたての ひなは、
〔　　　　〕だけで、空を とぶ
ための 〔　　　　〕が ないから。

2 □に 入る ことばを 一つ えらんで、○を つけましょう。（10点）

（　）しかし
（　）そのため
（　）だから

3 キジや ヤマドリや ライチョウは、生まれると すぐに どう しますか。（一つ15点）

点《てん》

ニワトリと　ちがって、空を　遠《とお》くまで
とびます。これらの　鳥《とり》は、地上に　巣《す》を
作《つく》るのが　とくちょうです。
ツバメは、家《いえ》の　のきなどに　どろを
こねて　巣を　作ります。うまれた
ひなは　赤子《あかご》で、目も　ひらいて　いません。
もし、ツバメが　ニワトリと　同じように、
生まれて　すぐ　歩きだしたら、のきから
おちて　しんで　しまいます。

▲キジ

▲ヤマドリ

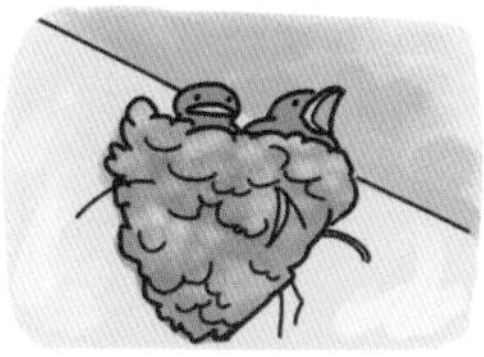
▲ツバメの巣

（清水《しみず》 清《きよし》『たまごのひみつ』あかね書房《しょぼう》）

すぐに（　　）、
（　　）を　ひろう。

4 それぞれの　鳥は、どんな　ところに　巣を　作りますか。（一つ10点）

キジや ヤマドリ	ツバメ
（　　）に　巣を　作る。	（　　）の（　　）などに、（　　）を　こねて　巣を　作る。

文を つなぐ ことばに 気を つけて 読《よ》む

◆つぎの 文しょうを 読《よ》んで 答《こた》えましょう。

スズメは おもに、春《はる》から 夏《なつ》は こん虫を 食《た》べ、秋《あき》に なると、草や 木の、実《み》を 食べます。

□、スズメの くちばしは、こん虫や、しょくぶつの 実など、かたい ものが 食べやすいように、太《ふと》く みじかい 形《かたち》を して います。

ところが、近《ちか》ごろの スズメは、春に 今《いま》までは 食べなかった、サクラの 花の みつも、食べるように なりました。

もともと、花の みつを 食べる メジロの くちばしは 細長《ほそなが》く、みつが ある 花の おくまで さしこんで

1 □に 入る ことばを 一つ えらんで、○を つけましょう。（15点）

（ ）しかし
（ ）そのため
（ ）ところが

2 近ごろの スズメは、春に 何《なに》を 食べるように なりましたか。（15点）

サクラの （　　　　　）。

3 スズメの くちばしが、みつが ある 花の おくまで とどかない のは なぜですか。（20点）

点《てん》

みつを　なめとるのに、
つごうの　いい　形を
して　います。
しかし、スズメのような　太く
みじかい　くちばしでは、花の　おくまで
とどきません。
そこで　スズメは、ちえを　しぼります。
くちばしで、花を　じくごと
ちぎりとり、みつの　ある　ぶぶんを
チュチュチュと　かんで、
みつを　食べるのです。
この　やり方《かた》なら、太く
みじかい　くちばしでも、花の
みつを　食べる　ことが　できます。

（成島悦雄《なるしまえつお》 監修《かんしゅう》『動物《どうぶつ》のちえ①　食べるちえ』偕成社《かいせいしゃ》）

くちばしが、
（　　　　）から。

4 スズメは、どのように　して　花の　みつを　食べるのですか。（一つ15点）

くちばしで、花を　じくごと
（　　　　）、みつの　ある
ぶぶんを　チュチュチュと
（　　　　）食べる。

5 スズメに　ついて、ほかに　知《し》りたい　ことを　書《か》きましょう。（20点）

ひょうげん力

（　　　　）

気もちを つかむ

◆つぎの 文しょうを 読《よ》んで 答《こた》えましょう。

〔かいじゅうの ザブーは、ふるさとの みずうみから、はなれて くらして います。〕

ザブーは、ラジオで こんな ニュースを ききました。

「日本《にほん》の 北《きた》の ふかい 森の 中の 小さな みずうみの 水が、赤く にごって きました。いったい、どう したと いうのでしょう。いじょう ニュースを おつたえしました。OOK《オーオーケー》。」

ザブーは びっくりして とびあがりました。

この 小さな みずうみは、じぶんが すんで いた あの みずうみに ちがいないと おもったからです。

（角野栄子《かどのえいこ》「かえってきた ネッシーのおむこさん」・『角野栄子の ちいさなどうわたち4』ポプラ社《しゃ》）

「とびあがりました」と いう ことばから おどろく 気もちが つたわるね。

とう場《じょう》人ぶつの 気もちに 気を つけて 読みましょう。

1 ザブーは、とびあがった とき、どんな 気もちでしたか。（25点）

〔　　　　〕した。

2 ザブーは、とびあがった とき、どう おもいましたか。（一つ25点）

この 小さな 〔　　　　〕は、じぶんが 〔　　　　〕いた、あの みずうみに 〔　　　　〕と おもった。

気もちを つかむ

きほん ★★★

点《てん》

◆つぎの 文しょうを 読《よ》んで 答《こた》えましょう。

つぎの 日の あさ、ピカピカの ランドセルを せおった まさやは、げんかんで、やはり 足を バタバタさせて いました。まさやは 学校へ いきたく ないのです。

いや、学校へは いきたいのですが、がけの みちを とおりたく ないのです。

「しかたが ないわねえ、この 子は。じゃ、きょうは いっしょに いって あげるから、あしたから ひとりで いくのよ。」

（古田足日《ふるたたるひ》『大きい1年生と小さな2年生』偕成社《かいせいしゃ》）

1 まさやは、げんかんで どんな ようすでしたか。（一つ25点）

ランドセルを （　　　　）まま、足を （　　　　）させて いた。

2 まさやは、どんな 気もちでしたか。（一つ25点）

学校へは （　　　　） けれど、がけの みちを （　　　　）。

気もちを つかむ

◆つぎの 文しょうを 読《よ》んで 答《こた》えましょう。

ある 日の ことです。
お父《とう》さんと コロッケやさんに 来《き》た
カバくんは、ちょっと かなしく
なりました。大すきな コーンコロッケが、
ケースに なかったのです。
その とき、
「やあ、カバくん。コーンコロッケ、
今《いま》 できた ところだよ。」
と 言《い》って、店《みせ》の おじさんが
おくから 出て きました。
かばくんは、うれしく なって、
「わあい。コーンコロッケ、くださあい。」
と、大きな 声《こえ》で 言いました。
（書《か》き下《お》ろし）

気もちの へんかに 気を つけて 読みましょう。

1 カバくんが、ちょっと かなしく なったのは、なぜですか。（一つ30点）

大すきな （　　　　）が、
ケースに （　　　　）から。

「ちょっと かなしく なりました」と いう ことばを さがして、その 後《あと》の 文を よく 読もう。

2 ――と 言った とき、カバくんは、どんな 気もちに なりましたか。（40点）

（　　　　）なった。

点《てん》

52

ものがたり

気もちを　つかむ

きほん ★★★

点《てん》

◆つぎの　文しょうを　読《よ》んで　答《こた》えましょう。

「わあい、あんぱんだ！　あんぱんだ！」
ドラゴンは、大よろこびすると、
あんぱんを　ひろって　たべようと　して、
ふと、おとした　ひとの　ことを
おもいました。
（もどって　きて、なくなって　いたら、
がっかりするだろうな）
ドラゴンは、たべるのを　やめると、
森から　大きな　はっぱを
とって　きて、はっぱの
おさらに、あんぱんを　のせ、
もとの　ところに　おきました。

（茂市久美子《もいちくみこ》『ドラゴンはスーパーマン』国土社《こくどしゃ》）

1　——と　言《い》った　とき、ドラゴンは、どんな　気もちでしたか。（40点）

（　　　　　　）した。

2　ドラゴンが、あんぱんを　たべるのを　やめたのは、なぜですか。（一つ30点）

あんぱんを（　　　　　　）ひとが　もどって　きて、なくなって　いたら、（　　　　　　）だろうなと、おもったから。

文しょうの　中の（　）の　ぶぶんに、ドラゴンの　おもった　ことが　書《か》かれて　いるよ。

気もちを つかむ

点《てん》

◆つぎの 文しょうを 読《よ》んで 答《こた》えましょう。

　さりなは　学校から　かえると、おそるおそる　はらっぱへ　でかけました。

（みおちゃんが　いたら、どう　しよう。）

　みおちゃんは、まだ、この　まえ、さりなが　いきなり　かえって　しまった　ことを　おこって　いるようです。

　きょうも、学校で、さりなと　顔《かお》を　あわせようと　しませんでしたから。

（みおちゃんが、いないと　いいなあ。）

　ところが、はらっぱには、みおちゃんが　いました。

　みおちゃんは、ほっぺたを　あかく　しながら、なわとびの　れんしゅうを

1　さりなは、どんな　ことを　おもいながら、はらっぱへ　でかけましたか。（一つ15点）

〔　　　　〕が　いたら、〔　　　　〕。

2　みおちゃんは、学校で、どんな　ようすでしたか。（10点）

さりなと　〔　　　　〕と　しなかった。

みおちゃんは、さりなの　ことを
おこって　いる　みたいだね。

して　いました。
みおちゃんは、あれからも　ずっと、学校が　おわると、ここに　きて、ひとりで　なわとびの　れんしゅうを　つづけて　いたようです。
そんな　みおちゃんを　見ると、さりなは、みおちゃんが　いないと　いいなあ、と　おもった　じぶんを　はんせいしました。
「みおちゃん、えらいなあ。だから、はちのじとびが　とべるように　なったんだ。」

（茂市久美子《もいちくみこ》『おひさまやのハンカチ』講談社《こうだんしゃ》）

みおちゃんを　見て、さりなの　気もちが　かわったんだね。

3　みおちゃんは、はらっぱで　何《なに》を　して　いましたか。（一つ15点）

ほっぺたを（　　　　）しながら、（　　　　）の　れんしゅうを　して　いた。

4　さりなは、みおちゃんの　ようすを　見て、どんな　気もちに　なりましたか。（一つ15点）

みおちゃんが（　　　　）、
と　おもった　じぶんを（　　　　）した。

気もちを つかむ

点《てん》

◆つぎの 文しょうを 読《よ》んで 答《こた》えましょう。

どうぶつたちが すむ もみじ山に、すっぱい みが なる 野《の》いちごの 木が 一本 ありました。とても すっぱいので、どうぶつたちは、その みを 食《た》べません。でも、こぐまの ムーだけは、その みが すきでした。

ムーは、おいしい 野いちごを ひとりじめできるので、いつも 大よろこびで 食べて いました。

①ある 日、ムーが 野いちごの 木の ほうに 歩《ある》いて いくと、一ぴきの こざるが、野いちごを 食べて いるのが 見えました。ムーは、

1 もみじ山には、何《なに》が ありましたか。（一つ10点）

［　　　］みが なる ［　　　］の 木。

2 ムーは、いつも どんな 気もちで、野いちごを 食べて いましたか。（一つ10点）

おいしい 野いちごを ［　　　］できるので、いつも ［　　　］で 食べて いた。

3 ①ある 日、ムーは だれが、何を して いるのを 見ましたか。（一つ10点）

（あの　木は、ぼくだけの　木なのに。）
と、はらを　立てました。でも、
こざるが　あんまり　おいしそうに
野いちごを　食べて　いるので、
②（あの　子も、あの　野いちごの　おいしさが　わかるんだ……。）
と、思《おも》いました。そして、なんだか
自分《じぶん》が　ほめられて　いるような、
うれしい　気もちに　なりました。

（書《か》き下《お》ろし）

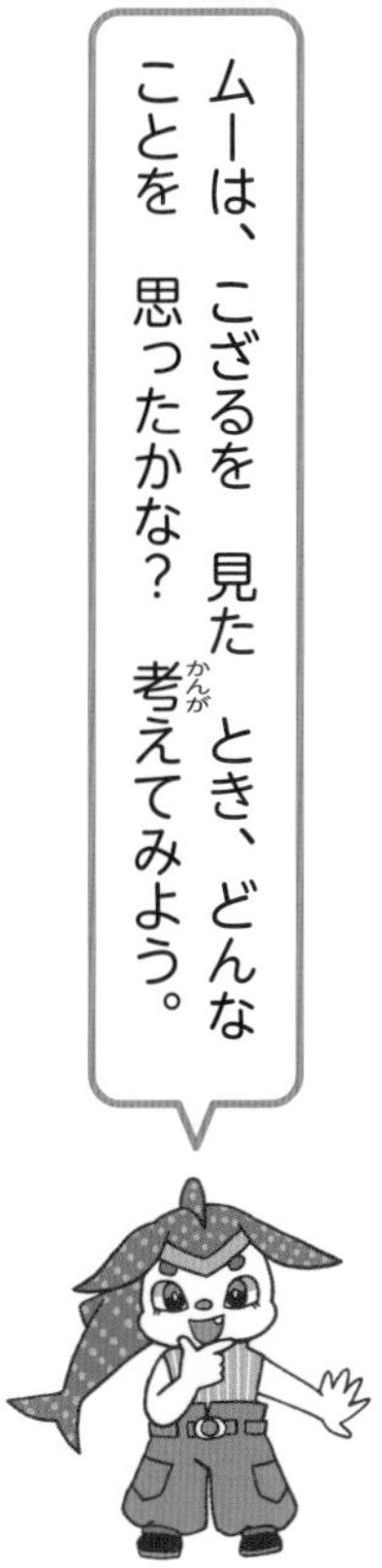
ムーは、こざるを　見た　とき、どんな
ことを　思ったかな？　考《かんが》えてみよう。

一ぴきの（　　　　）が、
野いちごを（　　　　）
いるのを　見た。

4 ムーは、③の　ようすが　見えた　とき、どんな　気もちでしたか。一つ　えらんで、○を　つけましょう。（10点）

（　）かなしかった。
（　）びっくりした。
（　）はらを　立てた。

5 ②——と　思った　とき、ムーは、どんな　気もちに　なりましたか。（一つ15点）

自分が（　　　　）
いるような、（　　　　）
気もち。

気もちを　つかむ

◆つぎの　文しょうを　読《よ》んで　答《こた》えましょう。

あきよが　まり子《こ》に　はなしたかったのは、きのうの　ばんと、けさと、二ど、あきよが、せの　たかさを　はかった　ことでした。

どうして、そう　したかと　いうと、いままで　あきよが　一年生だった　とき、ちょうれいで　ならんで　いる　二年生をみると、二年生の　いちばん　小さい人でも、あきよより　ずっと　大きいのです。だから、あきよは、あきよも　二年生に　なると、その　くらいに　なる　はずだ、と　おもいこんで　いました。

――二年生に　なる　まえの　ばん、わたしが　ねてる　あいだに、せは、

おうよう ★★★

❶ あきよは、まり子に　はなしたかったのですか。どんな　ことを（一つ10点）
きのうの　ばんと、けさと、（　　　）、（　　　）を　はかった　こと。

❷ あきよは、どんな　ことを　おもいこんで　いましたか。（一つ15点）
自分《じぶん》も　（　　　）に　なると、一年生より　ずっと　（　　　）なる　はずだ、と　いう　こと。

点《てん》

ぐ、ぐうっと　のびるんだわ。

あきよは、そう　かんがえたのです。

そして、けさ、むねを　どきどきさせながら、せの　たかさを　はかって　みると、ざんねん、はしらの　しるしは、きのうの　ばんと　おなじ　ところでした。

がっかりした　あきよを　みて、おかあさんは、わらいながら　いいました。

「あきよ。せと　いう　ものはね、きゅうに　のびたりなんか　しないのよ。まいにち、まいにち、目に　見えないぐらいずつ、のびて　いって、たかく　なるものよ。」

（古田足日《ふるたたるひ》『大きい1年生と小さな2年生』偕成社《かいせいしゃ》）

3 あきよは、いつ　せが　のびると　かんがえましたか。（一つ10点）

二年生に　なる（　　　　）、自分が（　　　　）あいだに、ぐ、ぐうっと　のびる。

3 けさ、せの　たかさを　はかった　とき、あきよは、どんな　気もちでしたか。（一つ15点）

せを　はかる　まえ	せを　はかった　あと
むねを（　　　　）させて　いた。	（　　　　）した。

気もちを つかむ

◆つぎの 文しょうを 読《よ》んで 答《こた》えましょう。

〔「ぼく」は、ともだちと、キクちゃんの
うちに むかって、歩《ある》いて います。〕

むねが、どきどきして いる。
「オオちゃん、だいじょうぶだよ。
きっと、キクちゃん、うん、と
いって くれるよ」
ともだちが、ぼくを はげまして くれた。
「でも、いやだって、いうかも しれない」
そう いったら、ぼくの むねは、
いっそう どきどきして きた。
キクちゃんの うちに ついた。
ぼくは、おもいきって、よびりんを
おした。
キクちゃんが でて きた。
にっこり わらった。すごく かわいい。

1 ――と いった とき、「ぼく」は、どんな 気もちに なりましたか。（10点）

いっそう 〔　　　〕 して きた。

2 「ぼく」は、キクちゃんに 何《なん》と いいましたか。（一つ15点）

「こんどの 〔　　　〕、ぼくと いっしょに、〔　　　〕 いかない？」

3 キクちゃんが、「うん、いいよ」と いった とき、「ぼく」は どんな 気もちでしたか。（15点）

むねが、

ぼくは、どきどきしながら　いった。
「こんどの　日曜日《にちようび》、ぼくと　いっしょに、
ゆうえんち　いかない？」
「うん、いいよ」
キクちゃんは　いった。
やったあ！
ぼくの　むねは、
パンパカパーンって　なった。
すると、つづいて、キクちゃんが　いった。
「わたし、トンちゃん、さそう
つもりだったの。じゃ、三人で　いこう」
「えーっ」
ぼくは　さけんだ。
そんなの　ないよ。キクちゃんと　ぼく、
ふたりだけの　つもりだったのに、
トンちゃんも　いっしょなんて……。

（角野栄子《かどのえいこ》「ゆめのつづき【1月15日】」・『オオくんのかぞく日記《にっき》』ポプラ社《しゃ》）

「　　　　」って
なった。

4 「ぼく」が、「そんなの　ないよ。」と
おもったのは、なぜですか。（一つ15点）

「ぼく」は、キクちゃんと　自分《じぶん》の
「　　　　」だけの　つもりだった
のに、キクちゃんが、トンちゃんと
「　　　　」で　いこうと　いったから。

5 あなたが、むねが「パンパカパーン」と
なるくらい、うれしかった　ことを、
思《おも》い出《だ》して　書《か》きましょう。（15点）

ひょうげん力

「　　　　」

◆つぎの 文しょうを 読《よ》んで 答《こた》えましょう。

ムササビは、リスの なかまで、体長《たいちょう》は、四十センチメートルくらいです。モモンガは、同《おな》じく リスの なかまですが、体長は 十五センチメートルほどです。
そして、どちらも 空を とぶと いう とくいわざを もって います。体《からだ》に ある 「ひまく」を 広《ひろ》げて 風《かぜ》を うけ、木から 木へと とびうつります。

（書《か》き下《お》ろし）

同じ ところや ちがう ところに 気を つけて 読みましょう。

1 ムササビと モモンガは、どんな とくいわざを もって いますか。（一つ25点）

（　　　）を（　　　）。

2 どのように して、木から 木へと とびうつりますか。（一つ25点）

体に ある 「（　　　）」を 広げて（　　　）を うけ、木から 木へと とびうつる。

点《てん》

58

せつ明《めい》文

くらべて 読《よ》む

きほん ★★★

点《てん》

◆つぎの 文しょうを 読《よ》んで 答《こた》えましょう。

人は 一日の うち 三分《ぶん》の一は、ねて います。大むかしから、人は 日の出と ともに おき、日の入りと ともに 休みました。そして、しぜんと ともに くらして、ずっと 今《いま》まで きました。

今では、人の 生活《せいかつ》は たいへん 楽《らく》に なりました。そして、夜《よる》でも 人が 活《かつ》やくして、都会《とかい》は ねむる ことが なくなりました。

（神山恵三《かみやまけいぞう》『森と人のくらし―森はなぜ大切《たいせつ》か―』岩崎書店《いわさきしょてん》）

1 大むかしと 今の、人の くらしを くらべましょう。（一つ20点）

大むかし	今
人は（　　）と ともに おき、（　　）と ともに 休んだ。そして、（　　）と ともに くらして きた。	人の 生活は、たいへん 楽に なった。（　　）でも 人が 活やくして、都会は（　　）ことが なくなった。

くらべると、ちがいが よく 分《わ》かるね。

くらべて 読《よ》む

◆つぎの 文しょうを 読《よ》んで 答《こた》えましょう。

ゾウや バクの はなは、上くちびると 合《あ》わさって、長《なが》く のびて います。

ゾウは、長い はなで 水を すい上げたり、はな先で 小さな ものを つまんだり できます。

いっぽう、バクの はなは、ゾウほど 長くは ありません。でも、のびたり ちぢんだりは します。木の えだを 引《ひ》きよせたり、においを かぐ ときに、にゅっと のばしたり します。

（書《か》き下《お》ろし）

▲ゾウ

▲バク

1 ゾウや バクの はなは、どのように なって いますか。（一つ30点）

［　　　　］と 合わさって、長く ［　　　　］いる。

2 バクの はなには、どんな とくちょうが ありますか。（一つ20点）

・ゾウほど ［　　　　］ない。

・のびたり ［　　　　］する。

「いっぽう、バクの はなは、」から はじまる、バクの はなの せつ明《めい》を よく 読もう。

60

せつ明《めい》文

くらべて 読《よ》む

きほん ★★★

点《てん》

◆つぎの 文しょうを 読《よ》んで 答《こた》えましょう。

キャベツと ブロッコリーは、形《かたち》は にて いませんが、同《おな》じ「アブラナ科《か》」と いう グループの やさいです。

キャベツは、はを 食《た》べる やさいで、ブロッコリーは、花の つぼみや、くきの ぶぶんを 食べる やさいです。

キャベツは、生《なま》の まま 食べる ことも よく ありますが、ブロッコリーは、あまり、生では 食べません。ゆでるなど、ねつを くわえて 食べる ことが 多《おお》いです。

（書《か》き下《お》ろし）

1 キャベツと ブロッコリーの ちがう ところを まとめましょう。（一つ25点）

	食べる ところ	食《た》べ方《かた》
キャベツ	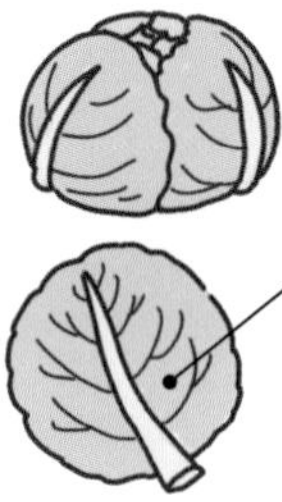 〔　　〕	〔　　〕の まま 食べる ことも よく ある。
ブロッコリー	 〔　　〕	ゆでるなど、〔　　〕を くわえて 食べる ことが 多い。

◆つぎの 文しょうを 読《よ》んで 答《こた》えましょう。

食《しょっ》きは いろいろな もので できて いますね。いちばん ふつうに あるのは *1 とうきの 食きです。とうきは コンクリートや ガラスの なかまです。そう いえば、ガラスの 食きも ありますね。とうきや ガラスの 食きは、かたいのですが、おとすと われて しまいます。

木で つくった 食きも ありますね。みそしるなどを 入れる おわんが そうです。木の 食きは、とうきや ガラスの 食きほどは われやすく ありません。もうひとつ、プラスチックで

れんしゅう ★★★

点《てん》

1 とうきや ガラスの 食きには、どんな とくちょうが ありますか。（一つ15点）

［　　　　］けれど、おとすと ［　　　　］しまう。

2 木の 食きには、どんな とくちょうが ありますか。（10点）

とうきや ガラスの 食きほどは ［　　　　］。

くらべて みると、ちがいが ある ことが 分《わ》かるね。

できた　食きが　あります。プラスチックの
食きは　かるくて　われにくいので、
赤ちゃんの　ための　食きとか、大ぜいの
人が　つかう　食《しょく》どうの　食きに、よく
つかわれて　います。
　こうして　見て　くると、かたい
ものには　二通《とお》り　ある　ことが
わかります。かたくて　われにくい
ものと、かたくても　われやすい、もろい*2
ものとです。

▲とうきの　食き

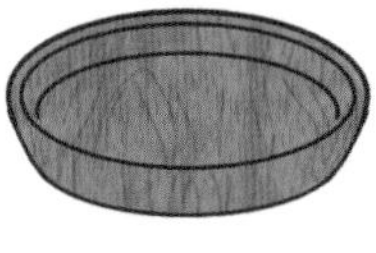
▲木の　食き

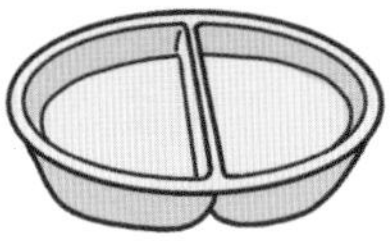
▲プラスチックの　食き

（井上祥平《いのうえしょうへい》『かたいもの　やわらかいもの』岩波書店《いわなみしょてん》）

＊1とうき……ねん土などで　形《かたち》を　つくり、かまで　やいた　もの。
＊2もろい……こわれやすい。

3 プラスチックの　食きが、よく ——のような　食きに　つかわれるのは、なぜですか。（一つ15点）

プラスチックの　食きが、
「　　　」て
「　　　」から。

「〜ので」と　いう　言《い》い方《かた》で、理《り》ゆうを　せつ明《めい》して　いるよ。

4 かたい　ものには、どのような　ものが　あると　わかりますか。（一つ15点）

かたくて
「　　　」
ものと、かたくても
「　　　」、もろい
もの。

◆つぎの 文しょうを 読《よ》んで 答《こた》えましょう。

ものが もえる とき、立ちのぼる ものを「けむり」と いいます。また、おゆを わかした ときに、立ちのぼる ものを「ゆげ」と いいます。

けむりと ゆげは、にて いるように 見えますが、どう ちがうのでしょうか。

けむりとは、ものが もえる ときに 出される、小さな つぶを ふくんだ 空気を いいます。この 小さな つぶは、ものを もやすのに ひつような「さんそ」が 足りないと たくさん 出ます。もえる ものに よって けむりの 色《いろ》も、はい色、黒色《くろいろ》、

1 けむりと ゆげは、それぞれ どんな ときに 立ちのぼる ものですか。（一つ15点）

けむり	ゆげ
（　　）とき。	（　　）とき。

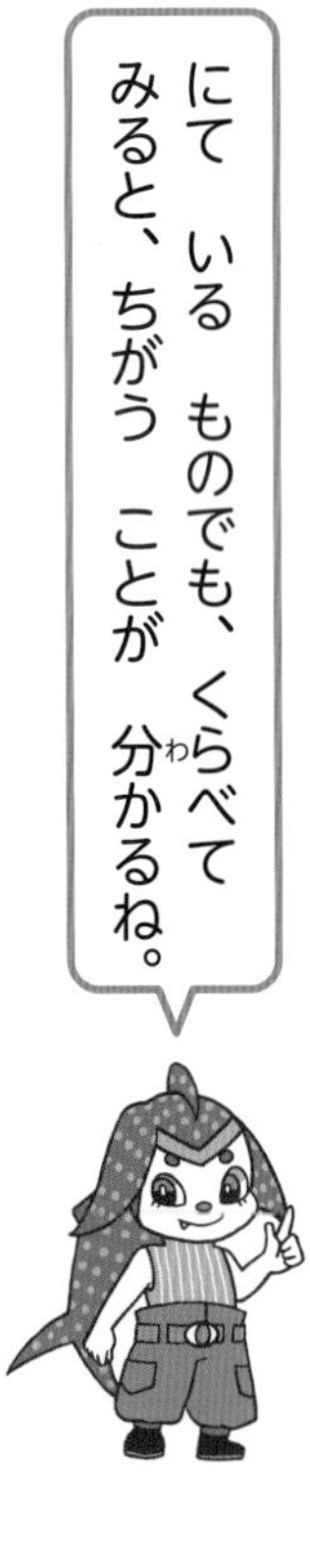
にて いる ものでも、くらべて みると、ちがう ことが 分《わ》かるね。

2 けむりとは、どのような ものの ことを いいますか。（一つ10点）

白色と　さまざまです。

ゆげは、水が　ふっとうした　ときに出ます。

でも、さいしょから　ゆげが出る　わけでは　ありません。まず「水じょう気」が　出ます。

水じょう気は　たいへん　小さな　水のつぶなので、目で　見る　ことはできません。

しかし、ひやされると　もとの　水のすがたに　もどります。ゆげは水じょう気が　ひやされたものです。だから、目に見えるのです。

（森本信也《もりもとしんや》監修《かんしゅう》『なぜ？どうして？科学《かがく》のぎもん2年生』Gakken）

ものが（　　　　）ときに
出される、小さな（　　　　）を
ふくんだ（　　　　）。

3 水が　ふっとうした　とき、まず何《なに》が　出ますか。（10点）

（　　　　）

4 ゆげとは、どんな　ものですか。（一つ15点）

（　　　　）が
（　　　　）もの。

くらべて 読《よ》む

おうよう ★★★

◆つぎの 文しょうを 読《よ》んで 答《こた》えましょう。

どんぐりが　たくさん　たくさん
なりました。
いろいろな　形《かたち》が　あります。
じゅくした　どんぐりは　親木《おやぎ》の
ねもとに　おちました。
どうぶつたちが　あつまって
どんぐりを　ひろいます。

（中りゃく）

どんぐりを　ひろって　食《た》べるだけでなく、
どこかへ　はこんで　いきます。
何《なに》を　するのでしょう。
えぞりすが　あちこちに
どんぐりや　くるみを　たくわえました。
木の　あな、木の　ねもと、土の　中、
などです。

❶ どうぶつたちは、ひろった　どんぐりを　どう　しましたか。（一つ12点）

えぞりす	しまりす	
・木の　あな、木の　ねもと、（　　　）の　中、などに　たくわえた。	・かわを　むいて　（　　　）に　たくわえた。 ・あまった　どんぐりは、近くの　（　　　）に　少しずつ　あさく　うめた。	

点《てん》

しまりすも　どんぐりを
ひろいました。かわを
むいて　すあなに　たくさん
たくわえました。あまった　どんぐりは、
近《ちか》くの　地《じ》めんに　かわの　ついた　まま
少《すこ》しずつ　あさく　うめました。
　みやまかけすも　くちばしに
どんぐりを　くわえて　とんで　いきました。
そして、小さな　がけに　うめました。
　えぞあかねずみも　どんぐりを
ひろいました。雪《ゆき》が　ふる　前《まえ》に、
すあなに　くるみと　いっしょに
どっさり　かくして　しまいました。
すあなに　入りきれなかった　分《ぶん》は
やはり　地めんに　あさく　うめました。
　そうです。冬《ふゆ》に　なると　食《た》べる
ものが　なくなるので　みんな　秋《あき》の
間《あいだ》に　えさを　ためて　いるのです。

（こうやすすむ『どんぐり』福音館書店《ふくいんかんしょてん》）

みやまかけす	えぞあかねずみ
・小さな（　　）に　うめた。	・（　　）と　いっしょに、すあなに　どっさり　かくした。 ・入りきれなかった　分は　地めんに　あさく（　　）。

② どうぶつたちが　①のように　するのは　なぜですか。（一つ14点）

（　　）に　なると　食べる　ものが（　　）から。

64 せつ明《めい》文

くらべて 読《よ》む

◆つぎの 文しょうを 読《よ》んで 答《こた》えましょう。

バイカルアザラシは、さい*1大時《じ》そく
二十五キロメートルで およぐと いわれ、
二百メートルくらいの ふかさまで もぐり、
しかも 二十五分《ふん》ほど 水中に いる
ことが できる。
これは アザラシと しては、ふつうだ。
ただ、つめは、ほかの アザラシより、
体《からだ》に くらべ 大きく じょうぶに
できて いる。こおりの 上で くらす
ためには、とても べんりだ。
そして、北《ほっ》きょく近《ちか》くに すむ 多《おお》くの
アザラシは、りゅうひょうに のって
遠《とお》くまで たびを するが、
バイカルアザラシは、*2バイカル湖《こ》の

おうよう ★★★

1 バイカルアザラシの つめには、どんな とくちょうが ありますか。（15点）

ほかの アザラシより、体に くらべ （　　） に できて いる。

2 アザラシは、どのような 場《ば》しょで くらして いますか。（一つ15点）

北きょく近くに すむ 多くの アザラシ	バイカル アザラシ
（　　）に のって 遠くまで （　　）を する。	（　　）の あたりだけで くらして いる。

点《てん》

あたりだけで　くらして　いる。

　このように　アザラシの　なかまとしては、＊3たん水に　すみ、たびを　しないなど、めずらしい　とくちょうを　もって　いるけれど、なんと　いっても　かわって　いるのは、やはり　大きすぎる　目玉だ。

　ところで、ほかに　大きな　目玉を　もつ　どうぶつは、いないのだろうか。

　バイカルアザラシほどでは　ないけれど、大きな　目玉の　もちぬしとして　知《し》られて　いるのが、メガネザルの　なかまだ。

▲バイカルアザラシ

（山本《やまもと》省三《しょうぞう》『動物《どうぶつ》ふしぎ発見《はっけん》　すごい目玉をもったアザラシがいる！』くもん出版《しゅっぱん》）

＊1時そく…一時間《じかん》に　すすむ　きょりで　あらわす　はやさ。
＊2バイカル湖…ロシアに　ある　みずうみ。
＊3たん水…川や　みずうみの　水など、しおけの　ない　水。

3 バイカルアザラシが　アザラシの　なかまと　して、とくに　かわって　いるのは、どこですか。（10点）

大きすぎる（　　　　）。

4 大きな　目玉を　もつ　どうぶつには、ほかに　どんな　ものが　いますか。（15点）

（　　　　）の　なかま。

5 目玉が　大きいと、どのような　よい　ことが　あると　思《おも》いますか。あなたの　考《かんが》えを　書《か》きましょう。（15点）

ひょうげん力

（　　　　）

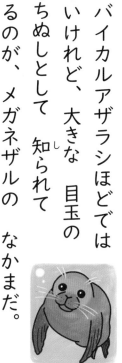

だいじな ことを つかむ

きほん ★★★

点《てん》

だいじな ことばや 文に 気を つけて 読みましょう。

◆つぎの 文しょうを 読《よ》んで 答《こた》えましょう。

ライオンや トラなど、ほかの 生きものを おそって 食《た》べる どうぶつは、目が 顔《かお》の まん中に ならんで いる。これは、目の 前《まえ》に ある ものが よく 見え、それが どのくらい はなれて いるのか、はかりやすい。つまり、えさの どうぶつを つかまえるのに つごうが よい。

（山本省三《やまもとしょうぞう》『動物《どうぶつ》ふしぎ発見《はっけん》 すごい目玉をもったアザラシがいる！』くもん出版《しゅっぱん》）

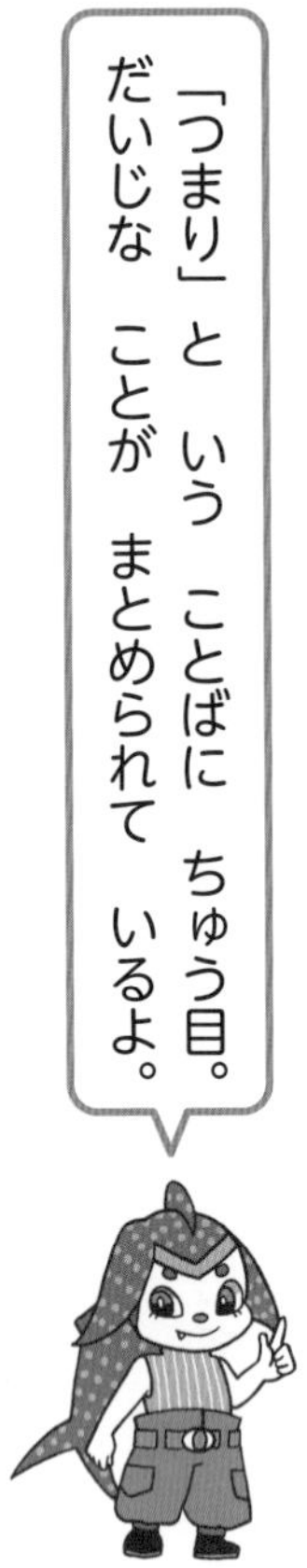
「つまり」と いう ことばに ちゅう目。だいじな ことが まとめられて いるよ。

❶ 目が 顔の まん中に ならんで いると、どんな よい ことが ありますか。（一つ25点）

［　　　　］に ある ものが よく 見え、それが どのくらい ［　　　　］ いるのか、はかりやすい。

❷ ❶の ことは、どんな ことを するのに つごうが よいのですか。（一つ25点）

［　　　　］の どうぶつを ［　　　　］ こと。

66

せつ明《めい》文

だいじな ことを つかむ

きほん ★★★

点《てん》

◆つぎの 文しょうを 読《よ》んで 答《こた》えましょう。

自《じ》どう車《しゃ》が、きゅうな こしょうなどで うごけなく なった とき、その ままでは 交通《こうつう》じこや 道《どう》ろの *じゅうたいの 原《げん》いんに なって しまいます。そんな ときに、レッカー車が かけつけて、うごけなく なった 自どう車を、あんぜんな 場《ば》しょへ はこびます。

　レッカー車は、じこや じゅうたいを ふせいで、道ろの あんぜんを まもって いるのです。

（書《か》き下《お》ろし）

▲レッカー車

*じゅうたい…すらすらと すすまず、車や 人、ものなどが つかえる こと。

❶ ――のような とき レッカー車は、何《なに》を しますか。（一つ25点）

うごけなく なった（　　　　）を あんぜんな 場しょへ（　　　　）。

❷ レッカー車には、どんな やくわりが あるのですか。（一つ25点）

じこや じゅうたいを（　　　　）、道ろの（　　　　）を まもる やくわり。

だいじな ことを つかむ

きほん ★★★

◆つぎの 文しょうを 読《よ》んで 答《こた》えましょう。

頭《あたま》の てっぺんに はなが あるのは、クジラの なかまだ。あの クジラの しおふきは、はなの あなで いきを して いる あかしなんだ。では、なぜ、頭の てっぺんに はなが あるのだろう。それは 海《うみ》を およぎながら いきを するのに、つごうが いいからだ。長《なが》い 年月を かけて、その 場《ば》しょで 生活《せいかつ》しやすいように 体《からだ》の 形《かたち》が かわり、はなの いちも うつったと いう わけだ。

（山本省三《やまもとしょうぞう》『動物《どうぶつ》ふしぎ発見《はっけん》 ゾウの長い鼻《はな》には、おどろきのわけがある！』くもん出版《しゅっぱん》）

「なぜ、〜だろう」と といかける 文と 「それは 〜からだ」と、理《り》ゆうを せつ明《めい》する 文に ちゅう目。

だいじな ことを まとめて いる ぶぶんに ちゅう目しましょう。

1 クジラの 頭の てっぺんに はなが あるのは なぜですか。（一つ25点）

海を（　　　）ながら（　　　）を するのに、つごうが いいから。

2 どのように して、クジラの はなの いちが うつったのですか。（一つ25点）

長い 年月を かけて、その（　　　）で（　　　）ように 体の 形が かわり、はなの いちも うつった。

点《てん》

だいじな ことを つかむ

きほん ★★★

点《てん》

◆つぎの 文しょうを 読《よ》んで 答《こた》えましょう。

しょくぶつが 花を さかせると、チョウや ハチなどの こん虫が やって きます。花の みつを すったり、花《か》ふんを あつめたり する ためです。

この とき、おしべの 花ふんが こん虫の 体《からだ》に つきます。こん虫が 花ふんを つけた まま、同《おな》じ しゅるいの 花に 行《い》くと、花ふんが めしべに つきます。こうして しょくぶつは、こん虫に *じゅふんの 手だすけを して もらいます。

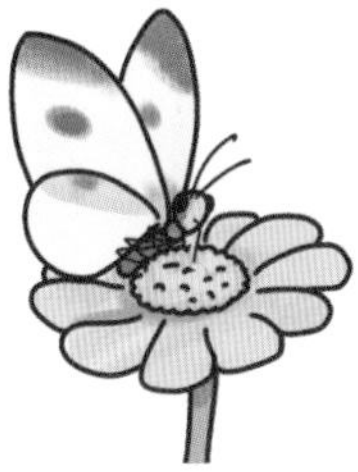

（清水《しみず》 清《きよし》『植物《しょくぶつ》は動《うご》いている』あかね書房《しょぼう》）

*じゅふん…おしべの 花ふんが めしべに つく こと。

1 花に こん虫が やって きた とき、おしべの 花ふんは どう なりますか。（一つ30点）

こん虫の ［　　］に つく。

← こん虫が その まま 同じ しゅるいの 花に 行く。

← 花ふんが ［　　］に つく。

2 しょくぶつは、こん虫に どのような ことを して もらって いるのですか。（40点）

［　　］の 手だすけ。

前《まえ》の ぶぶんで くわしく せつ明《めい》して いる ことを、さいごの 文で まとめて いるよ。

せつ明《めい》文

だいじな ことを つかむ

れんしゅう ★★★

◆つぎの 文しょうを 読《よ》んで 答《こた》えましょう。

北海道《ほっかいどう》に すむ えぞしかは 夏《なつ》の きせつを 大切《たいせつ》に すごします。たくさんの 草を 食《た》べ 体《からだ》に しぼうを たくわえなければ きびしい 長《なが》い 冬《ふゆ》を すごせないからです。春《はる》に 生まれた 子どもも 一生けんめい 食べて います。

冬が 近《ちか》づくと 体の 毛《け》が 冬毛《ふゆげ》に かわって いきます。もう すぐ 雪《ゆき》が ふります。冬を すごす ために 風《かぜ》の 当《あ》たらない 場《ば》しょに あつまって きました。

雪が ふりました。えぞしかには 長い つらい きせつの はじまりです。

1 えぞしかが 夏の きせつを 大切に すごすのは なぜですか。（一つ10点）

たくさんの（　　　）を 食べ 体に（　　　）を たくわえなければ きびしい 長い（　　　）を すごせないから。

2 冬が 近づくと、えぞしかは、どんな 場しょに あつまって きますか。（一つ5点）

（　　　）の（　　　）場しょ。

点《てん》

草のない冬にはえぞしかは
ささや木のえだ先木のかわを
はがして食べます。
雪がつもってふかくなると雪の
少《すく》ない土地《とち》へといどうします。
いくつかのむれを作《つく》りたくましい
おすがその先頭《せんとう》を歩《ある》きます。

（手島圭三郎《てじまけいざぶろう》『えぞしかのたび』リブリオ出版《しゅっぱん》）

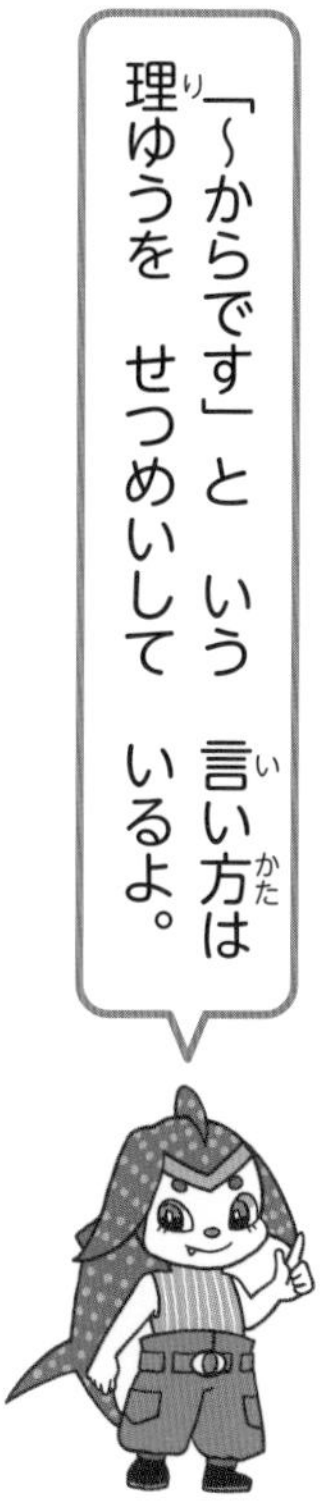

3 えぞしかは、草のない冬に、どんなものを食べますか。（一つ10点）

〔　　　〕や木の〔　　　〕木の〔　　　〕をはがして食べる。

4 雪がつもってふかくなると、えぞしかは、どこへ、どのようにいどうしますか。（一つ10点）

・どこへ…

〔　　　〕土地。

・どのように…

いくつかの〔　　　〕を作り、

〔　　　〕が

その先頭を歩く。

70

せつ明《めい》文

だいじな ことを つかむ

れんしゅう ★★★

点《てん》

◆つぎの 文しょうを 読《よ》んで 答《こた》えましょう。

　アサガオは つるしょくぶつで、細《ほそ》くて 長《なが》い くきだけでは、体《からだ》を ささえる ことが できません。その かわり、くきは ものに まきつく *1せいしつが あり、それを ささえに 生長《せいちょう》します。

　アサガオの つるの 先を、じっくり かんさつして いると、目には 見えませんが、ゆっくり うごいて いる ことに 気が つきます。

　つるは、まるで 首《くび》を ふるように、左まわりに 回《かい》てんして いきます。一回《いっかい》 まわるのに、一時間《じかん》あまり かかります。

　アサガオの つるは、ゆっくりと 回てんしながら、と中で ものに ふれると、こんどは すばやく それに

❶ アサガオの くきには、どんな せいしつが ありますか。（12点）

ものに（　　　　）せいしつ。

❷ アサガオの つるは、どんなふうに うごいて いますか。（一つ10点）

まるで（　　　　）ように、（　　　　）に 回てんして いく。

❸ ぼうに まきついた つるは、その 後《あと》 どう なりますか。（一つ10点）

ぼうを 中心に、上から 見て（　　　　）の らせんを（　　　　）

まきついて　いきます。
　アサガオの　つる、つまり　くきは、いったん　ぼうなどに　まきつくと、あとは　ぼうを　中心《ちゅうしん》に、上から　見て　左まきの　*2らせんを　えがきながら、上へ　のびて　いきます。
　この　まき上がりうんどうは、二つの　うんどうが　組《く》み合《あ》わさった　ものです。その　一つは、くきが　ぼうに　ふれると、ふれた　はんたいがわが　より　多《おお》く　生長する、まきつきうんどうです。もう　一つは、くきが　上へ　のびようと　する　うんどうです。

（清水《しみず》　清《きよし》『植物《しょくぶつ》は動《うご》いている』あかね書房《しょぼう》）

＊1せいしつ…その　ものが　もともと　もって　いる　とくちょう。
＊2らせん…ぐるぐる　まいて　いる　形《かたち》。うずまき。

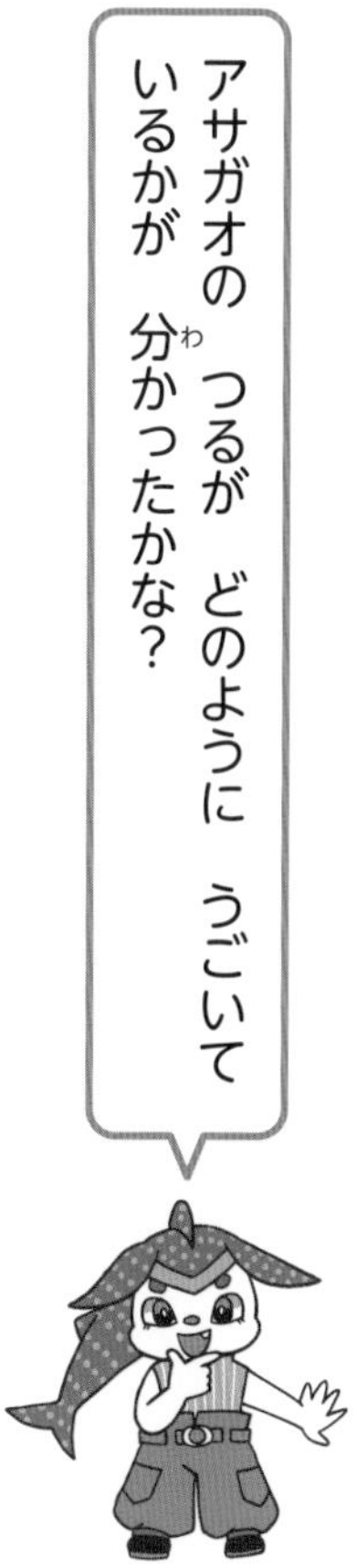
アサガオの　つるが　どのように　うごいて　いるかが　分《わ》かったかな？

えがきながら、上へ
［　　　］いく。

4　「二つの　うんどう」とは、どのような　ものですか。（一つ12点）

・くきが　ぼうに　ふれると、ふれた［　　　］が　より　多く　生長する［　　　］うんどう。
・くきが［　　　］へ［　　　］と　する　うんどう。

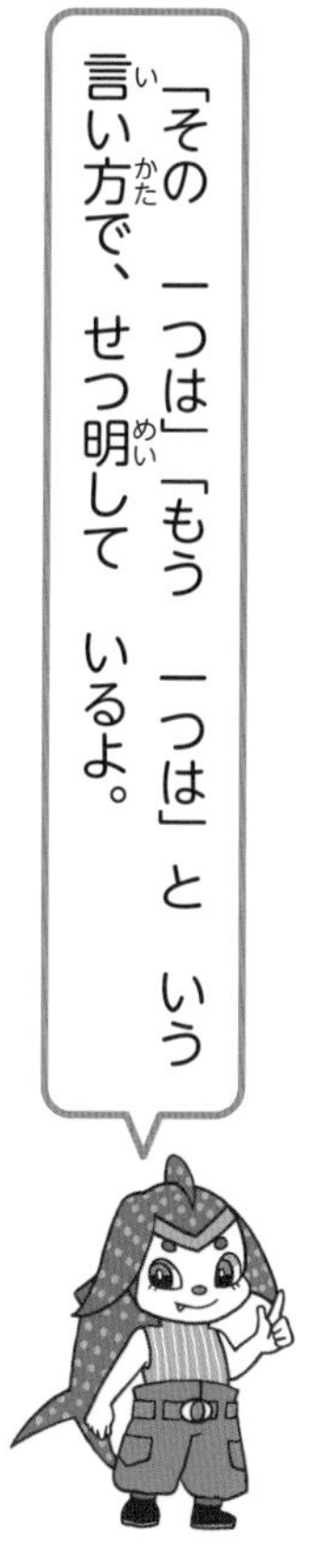
「その　一つは」「もう　一つは」と　いう　言《い》い方《かた》で、せつ明《めい》して　いるよ。

せつ明《めい》文

だいじな ことを つかむ

おうよう ★★★

◆つぎの 文しょうを 読《よ》んで 答《こた》えましょう。

鳥《とり》が、たまごを うみ、それを ひなに かえすには、何日《なんにち》も かかります。その 間《あいだ》 親鳥《おやどり》は、外《がい》てきから たまごを まもる ために、いろいろな くふうを して います。

ぬまや 池《いけ》に すむ カイツブリは、水草を あつめて 水めんに ういた 巣《す》を 作《つく》ります。ですから、雨で 水かさが ふえても、日でりで 水かさが へっても へいきです。また、水草の かたまりですから、てきに 見つかる 心《しん》ぱいも ありません。親鳥が、巣から はなれる ときは、たまごの 上に 水草を かけて、たまごを かくします。

1 上の 文しょうは、どんな くふうに ついて せつ明《めい》して いますか。（15点）

親鳥が 外てきから

〔　　　　〕

ための くふう。

2 カイツブリは どんな 巣を 作りますか。（一つ15点）

〔　　　〕を あつめて 水めんに

〔　　　〕巣を 作る。

3 コウノトリや カワウは、どこに 巣を 作りますか。（15点）

点《てん》

コウノトリや　カワウは、高《たか》い　木の
上に　巣を　作り、てきの　近《ちか》づくのを
ふせぎます。
高山《こうざん》に　すむ　ライチョウは、ハイマツの
中に　巣を　作りますが、巣を　かれ草で
分《わ》からなく　して、てきの　目を
*あざむきます。
川原《かわら》に　すむ　コアジサシは、石ころと
見分《みわ》けの　つかないような　たまごを、
小石の　上に　うみます。

▲カイツブリ

▲コウノトリ

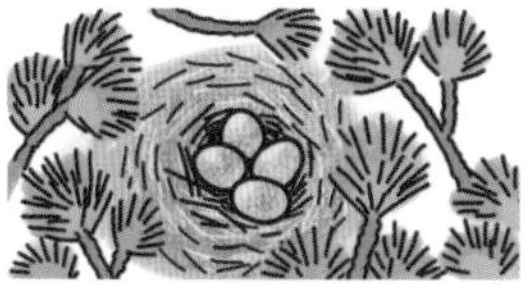
▲ライチョウ

▲コアジサシ

*あざむく…だます。

（清水《しみず》清《きよし》『たまごのひみつ』あかね書房《しょぼう》）

（　　　　）

4 ライチョウや　コアジサシは、どのような　くふうを　して、たまごを　まもりますか。（一つ10点）

高山に　すむ　ライチョウ	川原に　すむ　コアジサシ
巣を　（　　）で　分からなく　して、（　　）の　目を　あざむく。	（　　）と　見分けの　つかないような　たまごを、（　　）の　上に　うむ。

だいじな ことを つかむ

◆つぎの 文しょうを 読《よ》んで 答《こた》えましょう。

おにごっこには、さまざまな
あそび方《かた》が あります。どんな
あそび方が あるのでしょう。なぜ、
そのような あそび方を するのでしょう。
あそび方の 一つに、「てつぼうより
むこうに にげては だめ。」など、
にげては いけない ところを きめる
ものが あります。にげる 人が、
どこへでも 行《い》く ことが できたら、
おには、つかまえるのが たいへんです。
同《おな》じ 人が、ずっと、おにを する
ことに なるかも しれません。にげては
いけない ところを きめる ことで、

❶ おにごっこの あそび方の 一つに、どのような ものが ありますか。（10点）

［　　　　　　］ところを きめる もの。

❷ ❶の あそび方を すると、おには どう なりますか。（一つ10点）

［　　　　　　］人を ［　　　　　　］なる。

❸ ❶の ほかに どのような あそび方が ありますか。（一つ15点）

［　　　　　　］人だけが

点《てん》

おには、にげる 人を つかまえやすく
なります。
また、「地《じ》めんに かいた 丸《まる》の 中に
いれば、つかまらない。」「木に さわって
いれば、つかまらない。」のように、にげる
人だけが 入れる ところを 作《つく》ったり、
つかまらない ときを きめたり する
あそび方も あります。おにに なった
人の 足が はやければ、にげる 人は
みんな、すぐに つかまって しまいます。
このように きめる ことで、にげる
人が かんたんには つかまらないように
なります。

（令和《れいわ》2年度版《ねんどばん》 光村図書《みつむらとしょ》『こくご 二下 赤とんぼ』84～86ページより
「おにごっこ」もりしたはるみ）

4 入れる ところを 作ったり、〔　　〕ときを きめたり する あそび方。③のように きめると、どう なりますか。（一つ10点）

かんたんには〔　　〕人が〔　　〕ように なる。

5 どんな あそび方で おにごっこを した ことが ありますか。（20点）

ひょうげん力

〔　　〕

たしかめテスト①

◆つぎの　文しょうを　読《よ》んで　答《こた》えましょう。

四月の　ある　午後《ごご》でした。
一ぴきの　クマの　子が　町の　広場《ひろば》を
歩《ある》いて　いて、落《お》としものを　見つけました。
黒《くろ》っぽい　小さな　バッグで、ぎっしりと
ふくらんで　いました。
クマの　子は、バッグを　ひろうと、
近《ちか》くの　交番《こうばん》へ　持《も》って　いきました。
この　あいだ、学校の　先生から
「落としものを　ひろったら、すぐ
交番へ　とどけましょう」と、
おしえられたばかりでした。
クマの　子は、イヌの　おまわりさんに、
ひろった　バッグを　さしだしました。と、
そこへ、かさと　トランクを　さげた
ウサギの　おばあさんが、あたふたと

1 いつの　できごとですか。（一つ10点）

〔　　　〕の　ある　〔　　　〕。

2 「落としもの」は、どんな　ものでしたか。（一つ10点）

〔　　　〕と　ふくらんだ、黒っぽい　小さな　〔　　　〕。

3 「落としもの」は、だれの　持ちものでしたか。（15点）

点《てん》

かけこんで　きました。なんと　クマの
子が　ひろった　バッグは、この
おばあさんの　持ちものだったのです。
「ああ、よかった。たすかった……」
ウサギの　おばあさんは、クマの　子に、
なんべんも　お礼《れい》を　いった　あと、
バッグから　手帳《てちょう》を　とりだして、クマの
子の　名前《なまえ》と　住所《じゅうしょ》を　聞《き》いて
書《か》きとめました。そして、
「わたしは、いま、旅行《りょこう》の
とちゅうです。いずれ
＊うちへ　帰《かえ》りましてから、
お礼状《れいじょう》を　書かせて　いただきます」
と　いって、いそぎ足で　駅《えき》へ
むかいました。

（森山《もりやま》京《みやこ》『おてがみもらった　おへんじかいた』あかね書房《しょぼう》）

＊お礼状…おれいの　手紙《てがみ》。

4　ウサギの　おばあさんは、クマの
子に、どんな　ことを　しましたか。（一つ15点）

（　　　　）

なんべんも　（　　　　）を
いった　あと、クマの　子の
（　　　　）と　住所を　聞いて、
手帳に　書きとめた。

5　ウサギの　おばあさんは、うちへ
帰ったら、何《なに》を　すると
いいましたか。（15点）

クマの　子に　（　　　　）を　書く。

たしかめテスト②

◆つぎの　文しょうを　読《よ》んで　答《こた》えましょう。

わたしたちの　みの　回《まわ》りには、あなの　あいて　いる　ものが、たくさん　あります。あなは、何《なん》の　ために　あいて　いるのでしょうか。あなの　やくわりを　考《かんが》えて　みましょう。

五十円玉の　まん中には、あなが　あいて　います。これは、さわった　ときに　百円玉と　くべつする　ための　あなです。むかしの　五十円玉には　あなが　なく、百円玉と　同《おな》じくらいの　大きさだったので、まちがえる　人が　いたのです。そこで、五十円玉に　あなを　あけ、さわった　ときに

1　上の　文しょうでは、どのような　ことに　ついて　せつ明《めい》して　いますか。（一つ10点）

みの　回りに　ある　ものの、〔　　　〕の　〔　　　〕に　ついて。

2　五十円玉の　あなは、何の　ための　あなですか。（一つ10点）

〔　　　〕ときに

〔　　　〕と　くべつする　ための　あな。

点《てん》

くべつできるように　したのです。
（中りゃく）
うえ木ばちの　そこには、あなが
あいて　います。これは、いらない　水を
外《そと》に　出す　ための　あなです。たくさん
水を　やった　ときに、あなが　ないと、
水が　下の　方《ほう》に　たまって　しまいます。
水が　長《なが》い　間《あいだ》　たまって　いると、ねが
くさる　ことが　あるのです。

（令和《れいわ》2年度版《ねんどばん》　東京書籍《とうきょうしょせき》『新《あたら》しい国語《こくご》　二下』122〜125ページより
「あなの　やくわり」にいだゆみこ）

3 二つ目に、何の　あなに　ついて　せつ明して　いますか。（一つ10点）

［　　　　］の［　　　　］に　あいて　いる　あな。

4 **3**の　あなは、何の　ための　あなですか。（20点）

［　　　　］ための　あな。

5 うえ木ばちの　下の　方に、水が　長い　間　たまって　いると、どう　なる　ことが　ありますか。（20点）

［　　　　］ことが　ある。

たしかめテスト③

◆つぎの 文しょうを 読《よ》んで 答《こた》えましょう。

林の そばの ほそい 道《みち》を、
空いろの タクシーが 走《はし》りだしました。
「なの花橋《はなばし》の ちかくの、
いずみようちえんまで
おねがいします。」
客席《きゃくせき》で そう いったのは、わかい
おかあさん。その そばに、小さい
男の子が 五にん、そっくりの まるい
顔《かお》を ならべて すわって います。
（五つ子なんて、はじめてだ。それに
しても、よく にて いるもんだなあ。
かわいいなあ。）
うんてんしゅの 松井五郎《まついごろう》さんは、

1 空いろの タクシーは、どこを 走りだしましたか。（一つ10点）

〔　　〕の そばの 〔　　〕道。

2 タクシーの 客席には、だれが すわって いますか。（一つ10点）

・わかい 〔　　〕。

・〔　　〕にんの 小さい 〔　　〕。

3 2の お客さんが すわって いる ようすを 見た 松井さんは、どう 思《おも》いましたか。（一つ10点）

点《てん》

ハンドルを　まわしながら、
かんしんしました。

「うわあ。」「うわあ。」「うわあ。」

車の　なかは、いっぺんに
にぎやかに　なりました。

「はやいなあ。」

「はやいねえ。」

「うれしいなあ。」

「うれしいねえ。」

「ほう、ほう、ほう、ほう。」

あまり　たのしそうで、松井《まつい》さんまで
いっしょに、ほう、ほう、ほう、と、
さけびたく　なる　ほどです。

（朝《あさ》から　うれしい　お客《きゃく》さんだなあ。）

広《ひろ》い　ほそう道路《どうろ》に　出ました。


（あまんきみこ「春《はる》のお客さん」・『続《ぞく》　車のいろは空のいろ』ポプラ社《しゃ》）

（　　　　）なんて、
はじめてだ。それに（　　　　）しても、よく
（　　　　）もんだなあ。
（　　　　）なあ。

4 タクシーが　走りだすと、車の
なかは、どんな　ようすに
なりましたか。（10点）

いっぺんに（　　　　）に
なった。

5 車の　なかの　ようすを　見て、
松井さんは、どう　思いましたか。（10点）

朝から（　　　　）
だなあ。

76

せつ明文《めいぶん》

たしかめテスト④

◆つぎの 文しょうを 読《よ》んで 答《こた》えましょう。

ペンギンは、鳥《とり》なので、たまごで うまれる。アデリーペンギンの たまごは、ニワトリの たまごより 少《すこ》し 大きいぐらいだ。

親《おや》は、たまごを 足の 間《あいだ》に はさんで あたため、ひなを かえす。

アデリーペンギンは、なかまが あつまり、そこで たまごを うみ、子そだてを する。

たまごは、おすと めすが 交《こう》たいで あたためるが、どちらかと いえば、おすが たまごを だいて いる 時間《じかん》の 方《ほう》が 長《なが》い。

1 アデリーペンギンの たまごは、どのくらいの 大きさですか。（一つ10点）

〔　　　〕の たまごより 少し 〔　　　〕ぐらい。

2 アデリーペンギンは、どのように たまごを あたためますか。（一つ10点）

・おすと めすが 〔　　　〕で あたためる。

・〔　　　〕が たまごを だいて いる 時間の 方が 長い。

3 ひなが かえると、ひなは どのように すごしますか。（10点）

点《てん》

やがて　ひなが　かえると、ひなだけが
あつまって　すごすように　なる。この
あつまりを、クレイシと　どうぶつ学しゃは
よぶ。クレイシとは、ほいくしょの　いみだ。
なぜ　クレイシを　作《つく》るのかは、
トウゾクカモメなどから　みを　まもる
ためと　考《かんが》えられて　いるけれど、
くわしくは　分《わ》かって　いない。
　はじめは、親が　クレイシまで　えさを
はこび、自分《じぶん》の　子に　えさを　あたえる。
けれども、子が　そだつに　つれて、親は
クレイシに　近《ちか》づかなく　なる。
　やがて　大きく　なった
ペンギンは、自分で　えさを
とりに、海《うみ》に　もぐりはじめる。

（山本省三《やまもとしょうぞう》『動物《どうぶつ》ふしぎ発見《はっけん》　ペンギンの体《からだ》に、飛《と》ぶしくみを見つけた！』くもん出版《しゅっぱん》）

ひなだけが（　　　　）すごす。

4 ひなが　かえった　後《あと》、親は　どう　しますか。（一つ10点）

・はじめは、クレイシまで（　　　　）を　はこび、自分の　子に　あたえる。

・子が　そだつに　つれて、クレイシに（　　　　）なる。

5 大きく　なった　ペンギンは、何《なに》を　しますか。（30点）

（　　　　）

1 ものがたり ないようを つかむ

◆つぎの 文しょうを 読《よ》んで 答《こた》えましょう。

なおきが、よしくんと はじめて 会《あ》ったのは、きょ年の 夏休《なつやす》みの ことでした。

なおきが 公園《こうえん》に 行くと、一人《ひとり》で ボールを けって いる 男の子が いました。それが よしくんでした。

よしくんは、夏休みの 間《あいだ》だけ、いとこの 家《いえ》に あそびに 来て いるんだと 話《はな》して くれました。

（書《か》き下《お》ろし）

「いつ」や「どこ」に 気を つけて 読みましょう。

1 なおきは、いつ、どこで よしくんに 会いましたか。（一つ30点）

〔きょ年〕の 夏休みに、〔公園《こうえん》〕で 会った。

2 よしくんは、夏休みの 間、どこに あそびに 来て いましたか。（40点）

〔いとこの家《いえ》〕

なおきは どこに 行ったかな?

「いつ」「どこ」を あらわす ことばを さがそう。

2 ものがたり ないようを つかむ

◆つぎの 文しょうを 読《よ》んで 答《こた》えましょう。

むかしむかし、山の なかの 村に、じいさまと ばあさまが 住んで おりましたと。

ふたりは、やせた 馬《うま》を 一頭《いっとう》、かって いました。

ある 雨の ふる ばんの こと。

山の おおかみが、ぬき足さし足、じいさまの 馬を ねらって、ちかづいて きました。

そして、なかの ようすを うかがって いると、じいさまと ばあさまが、ぼそぼそ、話《はな》して いましたんだと。

（岩崎京子「ふるやのもり」『日本昔ばなし かさこじぞう』ポプラ社）

1 どこに、だれが 住んで いましたか。（一つ20点）

〔山のなかの村〕に、〔じいさま〕と ばあさまが 住んで いた。

さいしょの 文を よく 読もう。

2 いつの できごとですか。（一つ20点）

ある 〔雨〕の ふる 〔ばん〕の こと。

3 じいさまの 馬を ねらって、何《なに》が ちかづいて きましたか。（20点）

山の 〔おおかみ〕。

「いつ」が わかる ことばが ある 文を さがそう。「ばん」とは、夜《よる》の ことだね。

3 ものがたり ないようを つかむ

◆つぎの 文しょうを 読《よ》んで 答《こた》えましょう。

お昼休《ひるやす》みの ことです。はるかは、じゆうちょうに ねこの 絵を かいて いました。

「はるちゃん、うまいねえ。わあっ、たけとくんも、じょうず。」

ゆみが 言いました。

はるかが、となりの せきの たけとを 見ると、たけとも 絵を かいて いました。

たけとが かいて いたのは、今にも うごき出しそうな、かぶと虫の 絵でした。

（書き下ろし）

さいごの 文を よく 読もう。

「だれ」が「どう した」に 気を つけて 読みましょう。

1 はるかは、何《なに》を して いましたか。（25点）

じゆうちょうに 〔ねこの絵《え》〕を かいて いた。

2 ——と 言ったのは、だれですか。（25点）

〔ゆみ〕

3 たけとは、どんな 絵を かいて いましたか。（一つ25点）

今にも 〔うごき出しそう〕な、〔かぶと虫〕の 絵。

「はるかは、」から はじまる 文を よく 読《よ》もう。

「〜の 声《こえ》が した」と いう 言い方《かた》で、だれが 言《い》ったかを あらわして いるよ。

4 ものがたり ないようを つかむ

◆つぎの 文しょうを 読《よ》んで 答《こた》えましょう。

「おかあさん、おねがい」

おねえちゃんの 声《こえ》が した。

おねがい、って いう ときの、おねえちゃんの 声は、ドレミファソーの ソーの 音に にて いる。

「あかい ハイヒール*、かって」

「高校《こうこう》一年生には、ハイヒールは はやいわ」

おかあさんが こたえた。

そばで、おばあちゃんも、「そうですよ」と、うなずいた。

（角野栄子「あかいくつ」『オオくんとゆかいなかぞく』ポプラ社）

＊ハイヒール…かかとの 高い くつ。

1 「おかあさん、おねがい」と 言《い》ったのは、だれですか。一つ えらんで、○を つけましょう。（30点）

（ ）おばあちゃん

（ ）おかあさん

（○）おねえちゃん

——の 後の 文を 読もう。

2 どんな おねがいを しましたか。（40点）

〔あかいハイヒール〕を かって ほしい。

3 おばあちゃんは、何《なん》と 言いましたか。（30点）

「〔そうですよ〕」

「おかあさん、おねがい」と 言った 後《あと》の、おねえちゃんの ことばを さがして、よく 読もう。

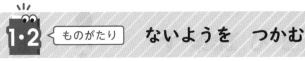

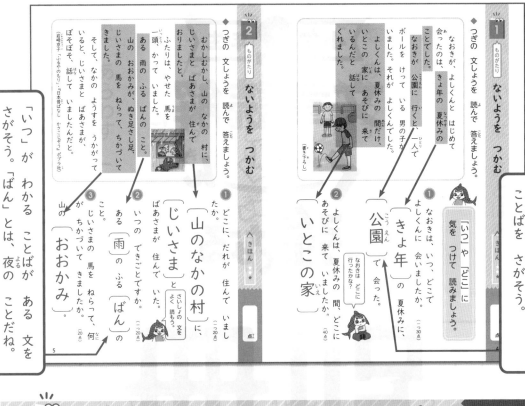

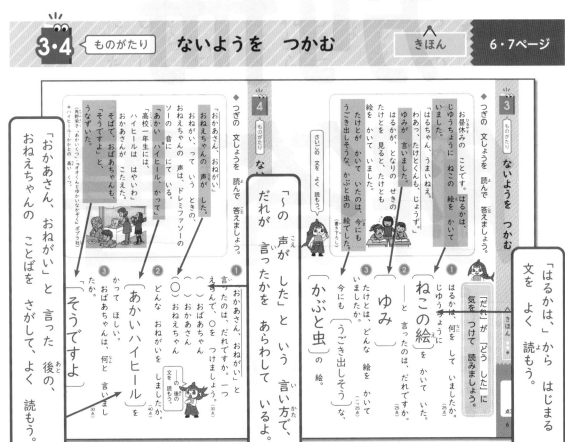

5 ものがたり ないようを つかむ れんしゅう 8・9ページ

◆つぎの 文しょうを 読《よ》んで 答《こた》えましょう。

ほうかご、かなと まいは、図書室《としょしつ》へ 行《い》きました。まいが、

「かなちゃん、かりる 本、きまってる？」

と 聞《き》くと、かなは、

「うん。『まほうの ペンダント』って いう 本。お母《かあ》さんも、お兄《にい》ちゃんも、読んだ こと あるんだって。」

と 答えました。

図書室に 入ると、円い テーブルで、しょうたと みゆが 本を 読んで いました。かなは、しょうたを 見て びっくりしました。しょうたが、『まほうの ペンダント』を 読んで いたからです。

「しょうたくん、その 本、今日《きょう》、かりるの？」

かなは、少《すこ》し どきどきしながら 聞きました。

「ううん。もう ちょっとで 読みおわるから、今日、かえすんだ。ほら、あと 三ページ。」

しょうたは、にっこり わらって 言《い》いました。

❶ かなと まいは、いつ、どこへ 行きましたか。（一つ10点）
〔ほうかご〕、〔図書室《としょしつ》〕へ 行った。

❷ 図書室では、だれが 本を 読んで いましたか。（一つ10点）
〔しょうた〕と 〔みゆ〕。

〔しょうた〕が、『〔まほうのペンダント〕』を 〔読《よ》んで〕 いたから。

❹ しょうたは、『まほうの ペンダント』を どう すると 言いましたか。一つ えらんで、○を つけましょう。（15点）
（ ）今日、かりる。

（○）今日、かえす。

（ ）明日《あす》、かえす。

じゅんばんが ぎゃくでも 正かいだよ。

「〜からです」と いう 言《い》い方《かた》で、びっくりした わけを せつ明《めい》して いるね。

かなが、「その 本、今日《きょう》、かりるの？」と 聞《き》いて、しょうたが、「ううん。〜今日、かえすんだ。」と 答《こた》えたんだね。

6 ものがたり ないようを つかむ れんしゅう 10・11ページ

◆つぎの 文しょうを 読《よ》んで 答《こた》えましょう。

のはらの ほとりに 小さな おみせが あります。おみせには、「おひさまや」と かかれた、かんばんが かかって います。

はるの ある 日、「おひさまや」の まえで、足を とめた 人が いました。それは、のはらの ちかくに すんで いる、おばあさんでした。

「まあ、こんな おみせ、いつ、できたのかしら？」

おばあさんは、ドアを あけて、目 ぱちぱちさ

せまい みせの なかで、うさぎが すわって、みせばんを して いたのです。
「えっ、ここ、うさぎの おみせなの？」
おみせの なかには、わかくさいろの まくらだとか、にじいろに かがやく バケツだとか、空いろの 小さな いすだとか、ふしぎな ものが おいて ありました。

（茂市久美子《もいちくみこ》『おひさまやのおへんじシール』講談社《こうだんしゃ》）

❶ 「おひさまや」と いう おみせは、どこに ありますか。（15点）
〔のはら〕の ほとり。

❷ いつ、だれが、「おひさまや」の まえで、足を とめたのですか。（一つ15点）
・いつ…〔はる〕の ある 日。
・だれ…のはらの ちかくに すんで いる、〔おばあさん〕。

❸ みせばんを して いたのは、だれですか。（15点）
〔うさぎ〕

❹ おみせの なかには、どんな ものが おいて ありましたか。（一つ10点）
わかくさいろの 〔まくら〕だとか、〔にじいろ〕に かがやく バケツだとか、空いろの 小さな 〔いす〕だとか、〔ふしぎ〕な ものが

さいしょの 文に ある「小さな おみせ」の 名前《なまえ》が かんばんに 書《か》かれて いた「おひさまや」なんだね。

「みせばんを して いたのです」と いう ことばを さがして、その 文を よく 読《よ》もう。

「おみせの なかには、」から はじまる 文を よく 読もう。おみせの 中の ようすが 分《わ》かるね。

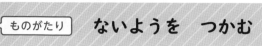

7 ものがたり　ないようを　つかむ　おうよう　12・13ページ

◆つぎの　文しょうを　読《よ》んで　答《こた》えましょう。

町の　はずれに、パンやが　ありました。おじいさんが　パンを　やき、おばあさんが　それを　売《う》ると　いう、小さな　店《みせ》でした。

ある　朝《あさ》　八時《はちじ》、おばあさんは、いつものように、店の　カーテンを　あけました。とたんに、

「ひゃあ……。」

おばあさんは、ひと声《こえ》　さけんで、それきり　だまって　しまいました。

「どう　した。」

おくの　仕事場《しごとば》から　出て　きた　おじいさんは、おばあさんの　指《ゆび》さす　ほうを　見て、

①「あっ！」

小さな　声を　あげました。

入り口の　ガラス戸《と》に　へばりつくように　して、くまの　子が　一ぴき、こちらを　見て　いたのです。

うしろ足で　立ち、鼻先《はなさき》を　ぺしゃんこに　おしつぶすくらい、ガラス戸に　くっつけて。

「ふふふふふ……。」

おじいさんは、くまの　子の　顔《かお》を　見て、思《おも》わず　ふきだしました。

そして、おばあさんの　横《よこ》を　とおりぬけて、店の　ガラス戸を　あけました。

「こりゃ、おどろいた。くまの　子の　お客《きゃく》とはね。」

「うん。」

くまの　子は、こっくりを　すると、

②「おはよ。」

ひくい　声で　いいました。

（森山《もりやま》京《みやこ》『パンやのくまちゃん』あかね書房《しょぼう》）

❶ パンやは、どこに　ありましたか。（15点）

〔町のはずれ〕

❷ おばあさんは、いつ、何《なに》を　しましたか。（一つ10点）

ある　朝　〔八時《はちじ》〕に、いつものように　店の　〔カーテン〕を　〔あけた〈あけました〉〕。

❸ お……あげ……

❹ おじいさんは、くまの　子の　顔を　見て、どう　しましたか。（10点）

入……〔へばりつく〕ように　して、〔くまの子〕が　一ぴき、こちらを　見て　いたから。

思わず　〔ふきだした〈ふきだしました〉〕。

❺ ②「おはよ」と　いったのは、だれですか。一つ　えらんで、○を　つけましょう。（15点）

（　）おばあさん
（　）おじいさん
（○）くまの　子

13

「おばさんは」と　いう　ことばが　ある　文の　中で、時間《じかん》など、「いつ」を　あらわす　ことばが　ある　文を　さがそう。

「～のです」と　いう　言《い》い方《かた》で、わけを　せつ明《めい》して　いるよ。

くまの　子は、「うん」と「こっくりを」した　後《あと》、「ひくい　声《こえ》で」「おはよ」と　言《い》ったんだね。

8 ものがたり　ないようを　つかむ　おうよう　14・15ページ

風《かぜ》の　ゆうびんやさんは、風の　じてん車に　のって　やって　きます。

リンリンと　ベルを　ならして、ひゅうっと　とおりすぎて　いきます。

ゆうびんやさんの　かばんは、はいたつする　手紙《てがみ》で　いっぱいです。

でも、ちっとも　おもたそうでは　ありません。

せまい　みちでも、さかみちでも、ゆうびんやさんは、口ぶえを　ふきながら、すいすい　はしります。

「あげはちょうさん、ゆうびんです。」

花びらみたいな、いい　においの　手紙が　とどきました。

「あら、うれしい。パーティーの　しょうたいじょうですって。こうえんで、ばらの　花が　さいたんですって。ぜひ　行《い》かなくちゃ。」

おしゃれな　あげはちょうは、いそいそと　したくを　はじめます。

「犬さん、ゆうびんです。」

にわの　犬小屋《いぬごや》の、おじいさん犬の　ところには、はがきが　とどきました。

「ほう。となり町に　ひっこして　いった、まごたちからだ。みんな　元気《げんき》に　くらして　います、か。うん。よかった、よかった。」

（令和《れいわ》2年度版《ねんどばん》　東京書籍《とうきょうしょせき》『新《あたら》しい国語《こくご》二上』16～19ページより「風のゆうびんやさん」たけしたふみこ）

❷ だれに、どんな　ゆうびんが　とどきましたか。（一つ15点）

だれ	あげはちょう	にわの　犬小屋の　〔おじいさん犬〕。
とどいた　ゆうびん	パーティーの　〔しょうたいじょう〕。	まごたちからの　はがき。

風の　〔ゆうびんやさん〕。

❹ おじいさん犬の　まごたちは、どこに　すんで　いますか。（20点）

〔こうえん〕

❺ 〔となり町〕

ひょうげんカ　あなたは、だれに、どんな　ゆうびんを　おくりたいですか。じゆうに　考《かんが》えて　書《か》きましょう。（20点）

れい　だれに？　ようちえんのまり先生

どんな　ゆうびん？　ねこのモモちゃんのことを書《か》いた手紙《てがみ》。

15

ゆうびんやさんが、「あげはちょうさん、ゆうびんです。」と　言《い》って　いるから、その　後《あと》の「あら、うれしい。」から　はじまる　ことばは、あげはちょうが　言って　いると　分《わ》かるよ。その　ことばを　よく　読《よ》もう。

おじいさん犬の　ことばを　よく　読もう。

「だれに」、「どんな　ゆうびんを　おくりたい」かを、じゆうに　考《かんが》えて　書《か》けて　いれば　正かいだよ。

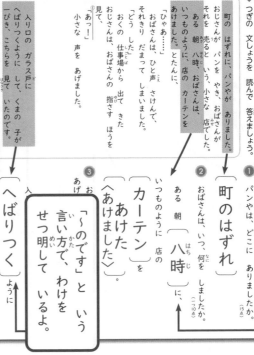

9・10 せつ明文《めいぶん》 何《なに》に ついて 書《か》いて あるかを つかむ

きほん　16・17ページ

9 せつ明文

◆つぎの 文しょうを 読《よ》んで 答《こた》えましょう。

牛《ぎゅう》にゅうを あたためると、上の ほうに まくが できる ことが あります。これは、どうしてでしょう。

牛にゅうの 中には、しぼうや たんぱくしつと よばれる ものの、とても 細《こま》かい つぶが 入って います。

牛にゅうを あたためると、この つぶどうしが くっついて、まくに なるのです。

（書《か》き下《お》ろし）

「どうしてでしょう」と いう といかけの ことばを さがして、その 近《ちか》くを よく 読もう。

何《なに》に ついて せつ明《めい》して いるかを たしかめながら 読みましょう。

❶ 上の 文しょうは、どんな ことに ついて 書《か》かれて いますか。（一つ25点）

〔牛《ぎゅう》にゅう〕を あたためると、上の ほうに 〔まく〕が できるのは、どうしてかと いう こと。

❷ 「この つぶ」とは、どのような ものですか。（一つ25点）

〔しぼう〕や 〔したつんぱく〕の 細かい つぶ。

「これは、どうしてでしょう。」と あるから、その 前《まえ》の 文を 読《よ》むと、といかけて いる ことが 分《わ》かるよ。

じゅんばんが ぎゃくでも 正かいだよ。

10

◆つぎの 文しょうを 読んで 答えましょう。

わたしたちが、ふだん、町の 中で りようして いる バスは、「ろせんバス」と いいます。

ろせんバスは、きまった 道《みち》を、きまった 時間《じかん》に 走《はし》り、きまった 場《ば》しょに とまります。

ですから、学校や しごとへ 行《い》く 人や、買《か》いものに 行く 人など、いろいろな 人が、いろいろな 場《ば》めんで りようする ことが できます。

（書《か》き下《お》ろし）

❶ 上の 文しょうは、何に ついて せつ明《めい》して いますか。（25点）

〔ろせん〕バス

❷ ❶の バスを、いろいろな 人が、いろいろな 場めんで りようする ことが できるのは、なぜですか。（一つ25点）

この バスが、きまった 〔道《みち》〕を、きまった 〔時《じ》間《かん》〕に 走り、きまった 場しょに 〔とまる〕から。

ろせんバスには、どんな とくちょうが あるかな？

さいしょの 文を よく 読もう。

さいごの 文の はじめに、「ですから」と あるから、その 前の ぶぶんに、理《り》ゆうが 書《か》かれて いるよ。

11・12 せつ明文《めいぶん》 何《なに》に ついて 書《か》いて あるかを つかむ

きほん　18・19ページ

11 せつ明文

◆つぎの 文しょうを 読《よ》んで 答《こた》えましょう。

まゆ毛《げ》には、どんな やくわりが あるのでしょうか。

二つ しょうかいします。

まず、あせが 目に 入るのを ふせぐ やくわりが あると いわれて います。おでこから ながれて くる あせを ふせぎます。

また、日ざしから 目を まもる やくわりも あると いわれて います。まぶしい とき まゆを よせると、まゆが つき出て、日ざしを さえぎります。

まゆ毛は、こうして あせや 日ざしから、目を まもって くれて いると 考《かんが》えられて います。

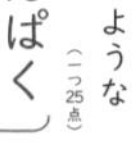

（書《か》き下《お》ろし）

何《なに》に ついて せつ明《めい》して いるかは さいしょの 文に 書《か》かれて いる ことが 多《おお》いよ。

❶ 上の 文しょうは、何に ついて せつ明して いますか。（50点）

〔まゆ毛《げ》〕の やくわりに ついて。

❷ まゆ毛は、どのような ことを して くれて いますか。（一つ25点）

〔あせ〕や 日ざしから、〔目をまもって〕くれて いる。

さいしょの 文を よく 読もう。

といかけの 文の 形《かたち》で、何《なに》に ついて せつ明《めい》して いる 文しょうかを つたえて いるよ。

さいごの 文で、まゆ毛《げ》の やくわりに ついて まとめて いるね。

12 せつ明文

◆つぎの 文しょうを 読《よ》んで 答《こた》えましょう。

ラッコが ずっと 水の 上で くらして いられるのは、体《からだ》に びっしりと あつく 生えた 毛《け》の おかげです。

毛の 間《あいだ》には 空気が 入って いて、この 空気が 水を 通《とお》さないので ぬれる ことが ありません。

また この 空気は、体の ねつが、外《そと》に にげ出す ことも ふせいで います。

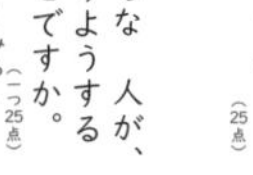

（久道健三《ひさみちけんぞう》『かがくなぜどうして 二年生』偕成社《かいせいしゃ》）

ラッコの 毛の 間の 空気の はたらきを、二つ せつ明《めい》して いるよ。

❶ ラッコが、ずっと 水の 上で くらして いられるのは、何《なん》の おかげですか。（一つ20点）

体に 〔びっしり〕と あつく 生えた 〔毛《け》〕の おかげ。

❷ 毛の 間に 入った 空気は、どのような はたらきを しますか。（一つ20点）

・〔水〕を 通さないので、ぬれない。

・体の 〔ねつ〕が 外に 〔にげ出す〕ことを ふせぐ。

「この 空気」とは、「毛《け》の 間《あいだ》」に 入って いる 空気の ことだね。

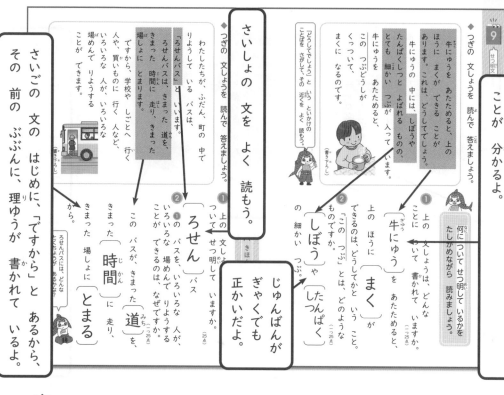

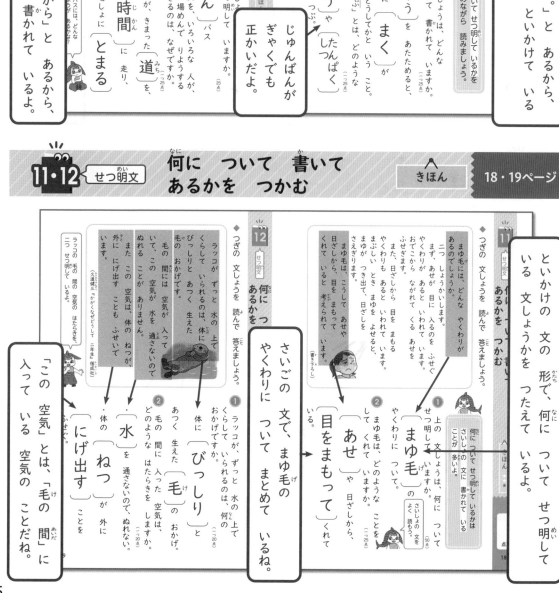

13 せつ明文《めい》 何《なに》に　ついて　書《か》いて　あるかを　つかむ

れんしゅう　20・21ページ

とい かけの 文に、「どうして、こんな 場《ば》しょに」と あるから、その 前《まえ》の ぶぶんを 読《よ》んで みよう。じゅんばんが ぎゃくでも 正かいだよ。

◆つぎの 文しょうを 読《よ》んで 答《こた》えましょう。

春《はる》の 道《みち》ばたに、すみれの 花が さいて います。

まわりを 見わたすと、すみれは、コンクリートの われ目や、高《たか》い 石がきの すきまにも さいて います。どうして、こんな 場《ば》しょに、さいて いるのでしょうか。

（中りゃく）

すみれは、なかまを ふやす ために、いろいろな 場しょに めを 出そうと します。しかし、自分《じぶん》では、たねを 近《ちか》くの 地《じ》めんにしか、とばす ことが できません。そこで、すみれは、ありの すきな 白い かたまりを たねに つけて、いろいろな 場しょに はこんで もらうのです。

ありの すは、地めんだけで なく、コンクリートの われ目や、高い 石がきにも あります。そのため、ありが はこんだ すみれの たねは、そのような 場しょでも めを 出し、花を さかせて いるのです。

（令和《れいわ》2年度《ねんど》版《ばん》 教育出版《きょういくしゅっぱん》『ひろがることば小学国語《こくご》二上』42～46ページより「すみれとあり」やざまよしこ）

❶ 上の 文しょうは、どのような ことに ついて 書《か》かれて いますか。（一つ15点）

すみれは、どうして〔コンクリートのわれ目〕や〔高《たか》い石がきのすきま〕など……

❷ ……〔なかま〕を〔ふやす〕ため。

「――が ある 文の はじめに「そこで」と あるから、その 前の ぶぶんに、理《り》ゆうに 当《あ》たる ことが 書《か》かれて いるよ。」

❸ すみれが、――のような ことを するのは、なぜですか。（一つ15点）

自分では、〔たね〕を〔近《ちか》く〕の 地めんにしか とばす ことが できないから。

❹ コンクリートの われ目や、高い 石がきには、何《なに》が ありますか。（10点）

〔あり〕の す。

だから、そのような 場しょにも、すみれの 花が さいて いるんだね。

21

「コンクリートの われ目や、高《たか》い 石がき」と いう ことばを さがして、その 文を よく 読もう。

14 せつ明文《めい》 何《なに》に　ついて　書《か》いて　あるかを　つかむ

れんしゅう　22・23ページ

「ボールの 中は」と いう ことばを さがして、その 文を よく 読《よ》もう。

◆つぎの 文しょうを 読《よ》んで 答《こた》えましょう。

ゴムで できた ものは、わゴムの ほかに 何《なに》が あるでしょうか。みなさんが かべに ぶつけたりして あそぶ ゴムの ボールが そうですね。

ボールの 中は からっぽで、空気が 入って います。ボールは、ぶつけると よく はずみますが、それは なぜでしょうか。

ボールが かべに 当《あ》たると、ゴムに 力が くわわって 形《かたち》が かわり、少《すこ》し へこみます。力が くわわるのは ボールが かべに 当たった ときだけで、その 後《あと》は 力が かかりませんから、ボールは へこみの ない もとの 形に もどろうと します。その ために ボールは かべから はなれ、はずむのです。ボールの 中の 空気も 力を くわえると ちぢみ、力を くわえるのを やめると 広《ひろ》がる *せいしつを もって いますから、ボールが よく はずむのを たすけます。

（井上祥平《いのうえしょうへい》『かたいもの やわらかいもの』岩波書店《いわなみしょてん》）

*せいしつ…その ものが、もともと もって いる とくちょう。

❶ ゴムの ボールの 中は どう なって いますか。（15点）

からっぽで、〔空気〕が 入って いる。

❷ 上の 文しょうでは、どのような ことに ついて 書《か》かれて いますか。（一つ15点）

ボールは、〔ぶつける〕と よく〔はずむ〕のは、

❸ ゴムに〔力〕が くわわって 形が かわり、少《すこ》し〔へこむ〕〈へこみます〉。

「ボールが かべに 当《あ》たると、～へこみます。」の 後《あと》の 「その 後は」と いう ことばが 出て くる 文を よく 読もう。

❹ ❸の 後、ボールは どう なりますか。（15点）

もとの 形に〔もどろう〕と する。

❺ ボールの 中の 空気は、どんな せいしつを もって いますか。（一つ10点）

力を くわえると〔ちぢみ〕、力を くわえるのを やめると〔広《ひろ》がる〕せいしつ。

❹や ❺の はたらきで、ゴムの ボールは よく はずむんだね。

「ボールの 中の 空気」「せいしつを もって います」と いう ことばを 見つけよう。

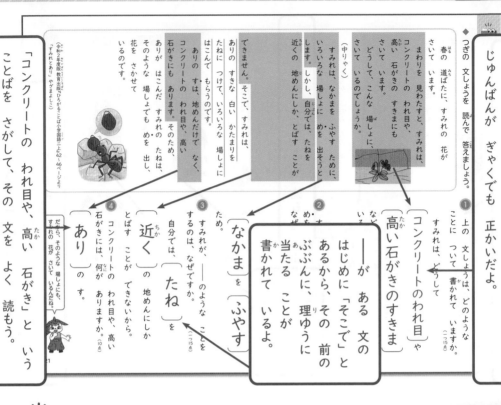

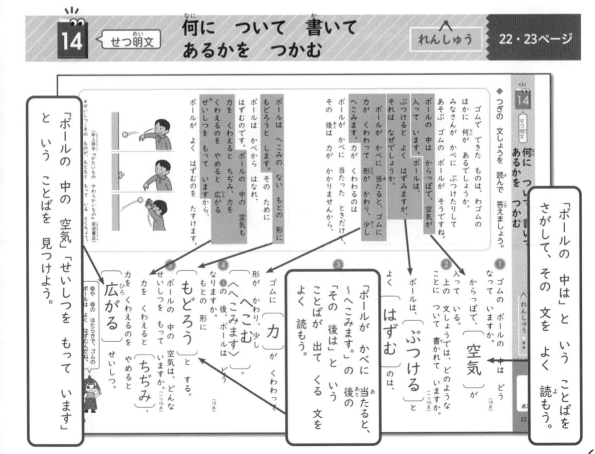

15 せつ明文《めい》 何《なに》に ついて 書《か》いて あるかを つかむ

おうよう 24・25ページ

◆つぎの 文しょうを 読《よ》んで 答《こた》えましょう。

ビーバーは、切《き》りたおした 木を、さらに みじかく かみ切り、ずるずると 川の 方《ほう》に 引《ひ》きずって いきます。そして、木を しっかりと くわえた まま、上手《じょうず》に およいで いきます。

ビーバーは、ゆびと ゆびの 間《あいだ》に じょうぶな 水かきが ある 後《うし》ろあしで、ぐいぐいと 体《からだ》を おしすすめます。おは、オール*1のような 形《かたち》を して いて、上手に かじ*2を とります。

ビーバーは、木を くわえた まま、水の 中へ もぐって いきます。そうして、木の とがった 方を 川の そこに さしこんで、ながれないように します。その 上に 小えだを つみ上げて いき、上から 石で おもしを して、どろで しっかり かためて いきます。

（中りゃく）

こうして、つみ上げられた 木と 石と どろは、一方《いっぽう》の 川ぎしから はんたいがわの 川ぎしまで、少《すこ》しずつ のびて いき、やがて 川の 水を せき止《と》める りっぱな ダムが できあがります。

（令和《れいわ》2年度版《ねんどばん》東京書籍《とうきょうしょせき》『新《あたら》しい国語《こくご》二下』12〜15ページより「ビーバーの大工事《だいこうじ》」なかがわしろう）

＊1オール…ボートを こぐ 道《どう》ぐ。

＊2かじ…船《ふね》の 後ろに ついて いる、すすむ 方こうを かえる ための 道ぐ。

❶ ビーバーは、どのように 体を つかって およぎますか。（一つ5点）

体の ぶぶん	つかい方《かた》
じょうぶな 〔水かき〕が ある 〔後《うし》ろあし〕。	ぐいぐいと 体を 〔おしすすめる〕。〈おしすすめます〉
〔オール〕の ような 形の 〔お〕。	上手に 〔かじ〕を とる。

❷ その 上に 〔小えだ〕を つみ上げて、上から 石で おもしを して、〔どろ〕で しっかり 〔かためて〕いく。

そこに 〔さしこんで〕、〔ながれない〕ように する。

❸ ❷のように すると、やがて、何が できあがりますか。（一つ10点）

川の 水を 〔せき止《と》める〕 りっぱな 〔ダム〕。

25

「上手《じょうず》に およいで いきます」と いう 文の 後《あと》で、体《からだ》の ぶぶんと その つかい方《かた》を くわしく せつ明《めい》して いるね。

「ビーバーは、木を〜もぐって いきます。」と いう 文の 後の ぶぶんを よく 読《よ》もう。

「できあがります」と いう ことばが ある、さいごの 文を 読もう。

16 せつ明文《めい》 何《なに》に ついて 書《か》いて あるかを つかむ

おうよう 26・27ページ

◆つぎの 文しょうを 読《よ》んで 答《こた》えましょう。

なぜ うちゅうでは、むじゅう力*1に なるのでしょうか。

ものには みんな、あい手を 引《ひ》きつける 力、引力《いんりょく》が あります。引力は、ものが 大きければ それだけ 強《つよ》く なります。地《ち》きゅうは とても 大きいので、わたしたちや まわりの ものは 地きゅうに 引きつけられて、くっついて いるのです。ものが 下に おちるのは、地きゅうの 引力の あらわれなのです。

*2うちゅ…
ロケット…
まわりを…

回《まわ》って います。ハンマーなげのように、ものを いきおい よく 回すと、遠《とお》くへ 行《い》こうと する 力が はたらきます。これを、遠心力《えんしんりょく》と いいます。

このうちゅうステーションの 遠心力と 地きゅうの 引力が つり合《あ》って、むじゅう力に なるのです。

（中りゃく）

むじゅう力では、おもさを かんじないので、手足を つかって、強い 力を 出す ことが ほとんど ありません。そのため、ほねや きんにくが 弱《よわ》り、地きゅうに もどると、歩《ある》けない ことも あります。うんどうが、それを ふせぐのです。

（山本省三《やまもとしょうぞう》『もしも宇宙《うちゅう》でくらしたら』WAVE出版《しゅっぱん》）

＊1むじゅう力…おもさを かんじない こと。

＊2うちゅうステーション…うちゅう船《せん》が 立ちよる 大きな 人工《じんこう》えい星《せい》。

❶ ものには みんな、どのような 力が ありますか。（一つ10点）

〔引力《いんりょく》〕と いう、あい手を 〔引《ひ》きつける〕 力。

❷ 遠心力とは、どんな 力ですか。（一つ10点）

ものを いきおい よく 〔回《まわ》す〕ときに はたらく、〔遠《とお》く〕へ 行《なに》こうと する 力。

❹ むじゅう力では、〔遠心力《えんしんりょく》〕と、〔地《ち》きゅう〕の 〔引力〕。 —のように なるのは、なぜですか。（一つ…）

むじゅう力では、〔おもさ〕を かんじないので、手足を つかって、〔強《つよ》い力〕を 出す ことが ほとんど ないから。

❺ あなたが、むじゅう力の 中で やって みたい ことを 書《か》きましょう。（20点）

ひょうげん力 れい 〔ラーメンを食《た》べてみたい。〕

「ものには みんな」から はじまる 文を よく 読《よ》もう。「あい手を 引《ひ》きつける 力」の 名前《なまえ》が 「引力《いんりょく》」なんだね。

——が ある 文の はじめに、「そのため」と あるから、その 前の ぶぶんに、理《り》ゆうに 当《あ》たる ことが 書《か》かれて いると 分《わ》かるよ。

むじゅう力の 中で やって みたい ことを、じゆうに 考《かん》えて 書けて いれば 正かいだよ。

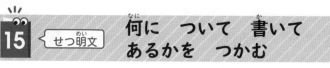

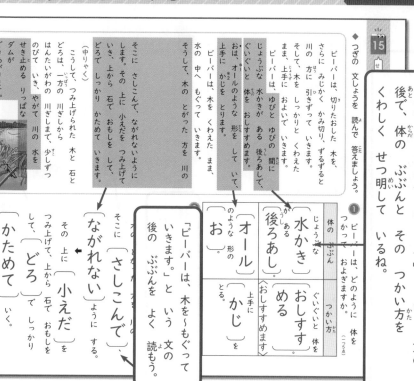

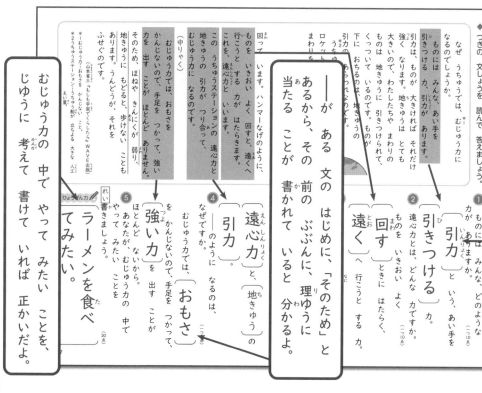

17・18 ものがたり ようすを つかむ
きほん 28・29ページ

17 ものがたり ようすを つかむ

◆つぎの 文しょうを 読《よ》んで 答《こた》えましょう。

「いってきまあす。」
きつねの 子は、元気《げんき》よく ドアを あけました。外《そと》は、つめたい 風《かぜ》が ぴゅうぴゅう ふいて います。でも、きつねの 子は、そんなの へっちゃらです。
「ふふ。あったかい。」
きつねの 子は、お母《かあ》さんが あんで くれた、ふわふわの マフラーを まいて いました。
きつねの 子は、スキップしながら、たぬきの 子の 家《いえ》に むかいました。

（書き下ろし）

場《ば》めんの ようすに 気を つけて 読みましょう。

1 外は、どんな ようすでしたか。（一つ30点）
［つめたい］風が［ぴゅうぴゅう］ふいて いた。

2 きつねの 子は、どんな ようすで、たぬきの 子の 家に むかいましたか。（40点）
［スキップ］しながら むかった。

「外は」から はじまる 文を よく 読もう。

ものがたりを 読《よ》む ときは、場《ば》めんの ようすを そうぞうしながら 読むと いいよ。

18 ものがたり ようすを つかむ

◆つぎの 文しょうを 読《よ》んで 答《こた》えましょう。

けさ、園長《えんちょう》さんは、アライグマの ホルくんに「おはよ」って 声《こえ》を かけて、つづいて となりの キリンの カンコさんに、「おは……」と いいかけて、たちどまりました。
カンコさんは、四本の あし ぜんぶで、つまさきだちして いるのです。首を ぐぐっと のばして、しっぽも ぴんと させて、せのびして います。

（角野栄子『カンコさんのとくいわざ』クレヨンハウス）

1 園長さんが、たちどまったのは なぜですか。（一つ20点）
キリンの［カンコ］さんが、［四本］の あし ぜんぶで［つまさきだち］して いたから。

2 カンコさんは、どんな ようすで せのびして いますか。（一つ20点）
首を［ぐぐっと］のばして、しっぽも［ぴんと］

「たちどまりました」の 後《あと》の 文を よく 読もう。

「ぐぐっと」や「ぴんと」と いう ことばから、カンコさんが、どんな ふうに「せのび」を して いるかが、よく 分《わ》かるね。

19・20 ものがたり ようすを つかむ
きほん 30・31ページ

19 ものがたり ようすを つかむ

◆つぎの 文しょうを 読《よ》んで 答《こた》えましょう。

「おばあちゃん、まだかなあ。」
せいたは、ぼんやりと まどの 外《そと》を 見ながら 言いました。
今日《きょう》は、日曜日《にちようび》。近《ちか》くに すんで いる おばあちゃんが、手作《てづく》りの おだんごを もって、あそびに 来《き》て くれる 日です。
だいどころで、お茶《ちゃ》の よういを して いる お母《かあ》さんは、楽《たの》しそうに 歌を 歌って います。
「ぼく、むかえに 行《い》こうかな。」
せいたは、言いました。

（書き下ろし）

とう場人《じょう》ぶつの ようすを あらわす ことばや 文を さがして 読みましょう。

1 せいたは、どんな ようすで ――と 言いましたか。（一つ30点）
［ぼんやり］と まどの 外を［見ながら］言った。

――の 後に、せいたの ようすが 書かれて いるよ。

2 だいどころに いる お母さんは、どんな ようすでしたか。（40点）
［楽《たの》しそう］に 歌を 歌って いた。

「お母《かあ》さんは」と いう ことばを さがして、その 文を よく 読《よ》もう。

20 ものがたり ようすを つかむ

◆つぎの 文しょうを 読《よ》んで 答《こた》えましょう。

よが あけました。あさの ひかりを あびて、竹やぶの 竹の はっぱが、「さむかったね。」「うん、さむかったね。」と ささやいて います。
雪《ゆき》が まだ すこし のこって、あたりは しんと して います。どこかで、小さな こえが しました。
「よいしょ、よいしょ。おもたいな。」
竹やぶの そばの ふきのとうです。雪の 下に あたまを 出して、雪を どけようと、ふんばって いる ところです。

（令和2年度版 光村図書『こくご二上 たんぽぽ』14～16ページより「ふきのとう」くどうなおこ）

1 ――の ことばを ささやいて いるのは、だれですか。（25点）
［竹］の はっぱ。

2 ふきのとうは、何《なに》を して いますか。（一つ25点）
［雪《ゆき》］の 下に［あたま］を 出して、雪を どけようと、［ふんばって］いる。

ふきのとうの ようすが 分かったかな？

「雪《ゆき》を どけようと、ふんばって」いたから、「よいしょ、よいしょ。」と 言《い》って いたんだね。

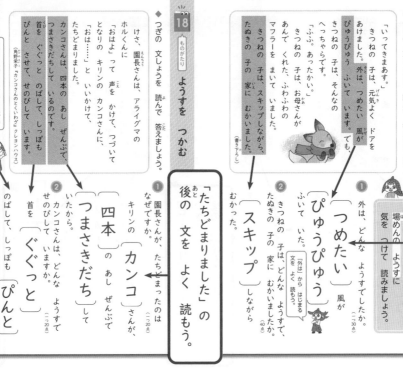

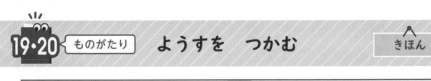

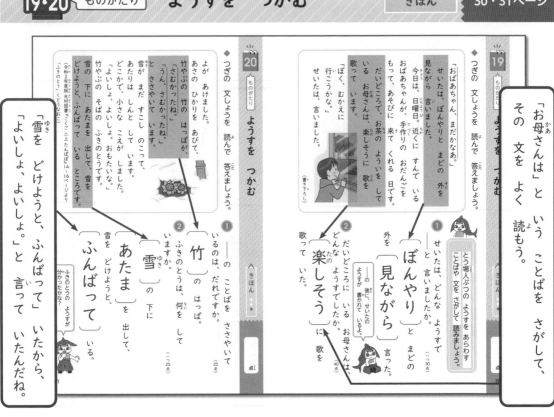

21 ものがたり ようすを つかむ れんしゅう 32・33ページ

◆つぎの 文しょうを 読《よ》んで 答《こた》えましょう。

あなぐまの モンタンは、森の せんたくやさんです。

モンタンが かえる とちゅう、空には、星《ほし》が またたきはじめました。

一日じゅう つよい 風《かぜ》が ふきあれたせいか、空は すみきって、星が いつにも まして ぴかぴか ひかって います。

モンタンが 店《みせ》に つくと、店の そばに ある サイカチの 木の えだに、白い 雲《くも》の かたまりのような ものが ひっかかって いました。

「あれっ、もしかして……？」

ながい ぼうで おとして みると、やっぱり ミトンでした。

「きっと、るすの あいだに とんで きたんだ。わあ、ここにも とんで くるなんて……。これが、もしも ぼくの ものに なったら、どんな いい ものに しようかな。」

モンタンは、ちょっと かんがえてから、ミトンを ほほに あてて、うっとりと 目を つぶりました。

「ああ、いい きもち。冬《ふゆ》、せんたくで つめたく なった 手を これに いれたら、あったかいだろうなあ。」

（茂市久美子《もいちくみこ》『風の子のミトンとあなぐまモンタン』Gakken）

❶ 空は、どんな ようすでしたか。（一つ10点）

空は〔すみきって〕、星が いつにも まして〔ぴかぴか〕ひかって いた。

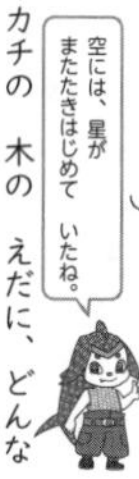

❷ サイカチの 木の えだに、どんな ものが ひっかかって いましたか。（15点）

白い〔雲《くも》のかたまり〕の ような もの。

❸ ひっかかって いた ものは、何《なん》でしたか。（15点）

〔ミトン〕

❹ モンタンは、ちょっと かんがえて から どう しましたか。（一つ10点）

ミトンを〔ほほ〕に あてて、〔うっとり〕と 目を〔つぶった〈つぶりました〉〕。

❺ モンタンは、どんな ことを 思《おも》いうかべましたか。（一つ10点）

〔冬《ふゆ》〕、せんたくで つめたく なった 手を ミトンに いれたら、〔あったかい〕

「空は」と いう ことばを さがして、その 近《ちか》くを よく 読《よ》もう。

さいごの モンタンが 言《い》った ことばを よく 読もう。冬の ことを 思《おも》いうかべて いるね。

22 ものがたり ようすを つかむ れんしゅう 34・35ページ

◆つぎの 文しょうを 読《よ》んで 答《こた》えましょう。

ある、天気の いい 日に、ぼうしを かぶった おにの 子は、川岸《かわぎし》を あるいて いて、水ぎわで ねむって いる わにに 出会《であ》いました。

わにを 見るのは 生まれて はじめてなので、おにの 子は、そばに しゃがんで、しげしげと ながめました。

そうとう 年を とって いて、はなの 頭《あたま》から しっぽの 先まで、しわしわ くちゃくちゃです。人間《にんげん》で いえば、百三十さいくらいの かんじ。

わには、ぜんぜん うごきません。

しんで いるのかも しれない——と、おにの 子は 思《おも》いました。

「わにの おじいさん。」

と よんで みました。

わには、目を つぶり、じっと した まま。

あ、おじいさんで なくて、おばあさんなのかも しれない——と 思いました。

「わにの おばあさん。」

やっぱり、わには ぴくりとも うごきません。

❶ おにの 子は、どんな わにに 出会いましたか。（一つ15点）

川岸の〔水ぎわ〕で〔ねむって〕いる わにに 出会った。

❷ おにの 子は、どんなふうに わにを ながめましたか。（一つ15点）

〔そば〕に しゃがんで、〔しげしげ〕と ながめた。

❸ どんな わにでしたか。（一つ10点）

そうとう〔年をとって〕いて、はなの 頭から しっぽの 先まで、〔しわしわくちゃくちゃ〕な わに。人間で いえば、〔百三十〕さいくらいの かんじ。

❹ おにの 子が「しんで いるのかも しれない」と 思ったのは なぜですか。（10点）

わにが、ぜんぜん〔うごかない〕から。

「出会《であ》いました」と いう ことばが ある 文を よく 読《よ》もう。

「ながめました」の 後《あと》の ぶぶんに、わにの ようすが くわしく 書《か》かれて いるよ。

おにの 子が、「そばに しゃがんで、しげしげと」ながめて いても、わにが ぜんぜん うごかないから、「しんで いるのかも しれない」と 思《おも》ったんだね。

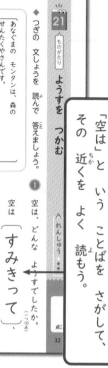

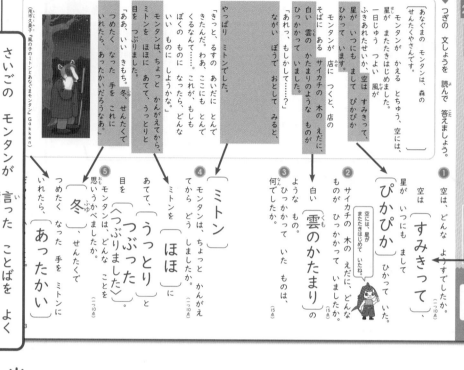

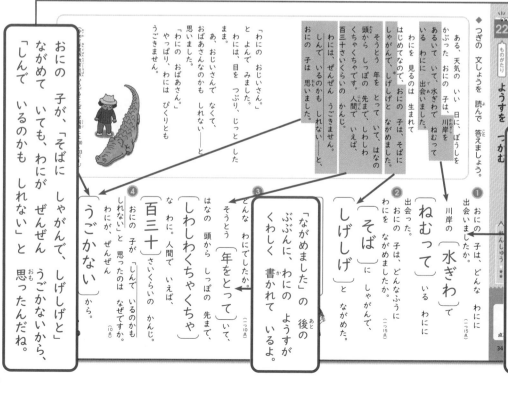

23 ものがたり　ようすを　つかむ　おうよう　36・37ページ

◆つぎの　文しょうを　読んで　答えましょう。

　うさぎの　お母《かあ》さんが、おばあさんの　びょうきみまいに　でかける　ことに　なりました。

　こうさぎは、ひとりぼっちで　おるすばんです。

「いつごろ　帰《かえ》って　くるの？」

と、こうさぎが　ききました。

「夕がたに　なると　思《おも》いますよ。」

「そんなに　おそく？」

　こうさぎは、心《こころ》ぼそそうに　ききました。

「おばあさんの　うちは、となりの　森の、もう　ひとつ　さきの　森の　おくですからね。なるべく、明《あか》るい　うちに　帰って　くる　つもりだけど。」

　お母さんは、朝《あさ》ごはんの　あとかたづけを　しながら　いいました。

「おひるに　なったら、どう　すれば　いいの？」

　こうさぎが、また　ききました。

「戸《と》だなの　なかに　そろえて　ありますよ。」

　お母さんは　エプロンを　はずし、たたんで　たなの　上に　おきながら　いいました。

　こうさぎが　戸だなを　のぞいて　みると、ジュースの　はいった　コップや、パイの　のった　おさらが　みえました。

　こうさぎは、とたんに　にこにこして、

「まあ、こんなに　たくさん、いつの　まに　つくったの？」

「けさ、はやくですよ。」

（もりやまみやこ「おかあさんになったつもり」・『もりやまみやこ童話選《どうわせん》2』ポプラ社）

❶ こうさぎは、何を　しますか。（一つ15点）

〔ひとりぼっち〕で　〔おるすばん〕を　する。

❷ こうさぎは、どんな　ようすで　——と　ききましたか。（15点）

〔心ぼそそう〕に　きいた。

❸ お母さんが　した　ことや、する　ことを　まとめましょう。（一つ15点）

いつ	した　ことや、する　こと
〔けさ〕、はやく。〈朝《あさ》〉	ジュースや　〔パイ〕を　つくった。
朝ごはんの　あと。	・あとかたづけを　した。 ・おばあさんの　〔びょうき　みまい〕に　でかける。
夕がた	帰って　くる。

❹ 戸だなを　のぞいた　こうさぎは、どんな　ようすに　なりましたか。（10点）

とたんに　〔にこにこ〕した。

お母さんと　こうさぎの　会話《かいわ》の　中にも、ヒントが　あるよ。

「ひとりぼっちで　おるすばん」を　する　ことに　なった　こうさぎは、お母《かあ》さんが　帰《かえ》って　くるのが　「夕がたに　なる」と　聞《き》いて、心《こころ》ぼそく　なったんだね。

「～いつの　まに　つくったの？」と　聞かれて、お母さんは　「けさ、はやくですよ。」と　答《こた》えたね。

24 ものがたり　ようすを　つかむ　おうよう　38・39ページ

◆つぎの　文しょうを　読《よ》んで　答《こた》えましょう。

　むかし　むかし、あったとさ。

　はらぺこきつねが　あるいて　いると、やせた　ひよこが　やって　きた。

　がぶりと　やろうと　思《おも》ったが、やせて　いるので　考《かん》えた。太《ふと》らせてから　たべようと。

「どこかに　いい　すみか　ないかなあ。」

　すると、ひよこが　言ったとさ。

「きつねお兄ちゃんって、やさしいねえ。」

「やさしい？　やめて　くれったら、そんな　せりふ。」

　でも、きつねは、生まれて　はじめて　「やさしい」なんて　言われたので、すこし　ぼうっと　なった。

　ひよこを　つれて　かえる　とちゅう、「おっとっと、おちつけ　おちつけ。」

切《き》りかぶに　つまずいて、ころびそうに　なったとさ。

　きつねは、ひよこに、それは　やさしく　たべさせた。そして、ひよこが　「やさしい　お兄ちゃん」と　言うと、ぼうっと　なった。

　きつねは、心《こころ》の　中で　にやりと　わらった。

「よし　よし、おれの　うちに　きなよ。」

（令和《れいわ》2年度版《ねんどばん》教育出版《きょういくしゅっぱん》『ひろがることば 小学国語《こくご》 二上』70～73ページより「きつねの　おきゃくさま」あまんきみこ）

❶ きつねが　あるいて　いると、だれが　やって　きましたか。（10点）

やせた　〔ひよこ〕。

❷ きつねは、どう　しようと　考えましたか。（一つ15点）

ひよこを　〔太《ふと》らせて〕から　〔たべよう〕と　考えた。

❸ きつねは、心の　中で　にやりと　わらって、何《なん》と　言いましたか。（15点）

「よし　よし、〔おれのうち〕に　きなよ。」

❹ きつねが、すこし　ぼうっと　なったのは、なぜですか。（一つ15点）

生まれて　〔はじめて〕、「〔やさしい〕」なんて　言われたから。

❺ 「ぼうっと　なった」とき、きつねは　どんな　気もちだったと　思いますか。（15点）

れい　〔やさしいと言《い》われて、うれしい気もち。〕

ひょうげん力　きつねは、どんな　ときに　「ぼうっと　なった」かな？　その　ときの　気もちを　そうぞうして　みよう。

ひよこを　「太《ふと》らせてから　たべよう」と　考えて　いた　きつねは、ひよこが　「どこかに　いい　すみか、ないかなあ。」と　言《い》ったから、「心《こころ》の　中で　にやりと　わらった」んだね。

「考《かん》えた」と　いう　ことばを　さがして、その　近《ちか》くを　よく　読《よ》もう。ここでは、「考えた」の　後《あと》の　文に　考えた　ことが　書《か》かれて　いるよ。

「うれしい」と　いう　気もちが　書けて　いたら　正かいだよ。

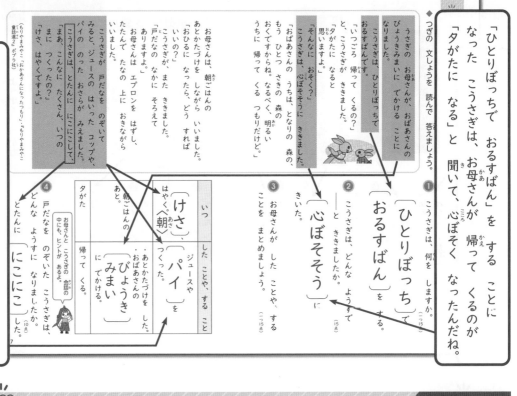

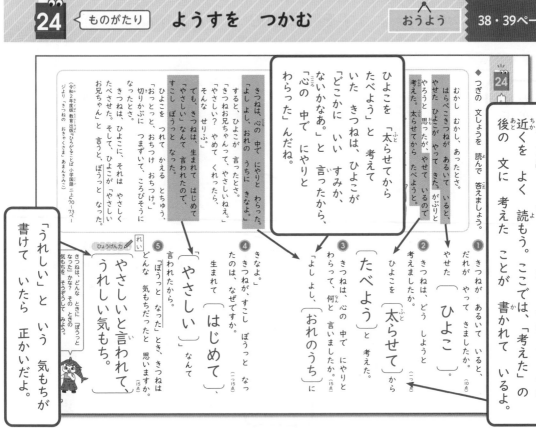

25・26 せつ明文《めい》　じゅんじょに 気を つけて 読《よ》む

きほん　40・41ページ

25 せつ明文《めい》　じゅんじょに 気を つけて 読《よ》む　きほん

◆つぎの 文しょうを 読《よ》んで 答《こた》えましょう。

ラムネの びんには、ビー玉が 入って いますね。どのように して 入れるのか、見て みましょう。

［あ］、ビー玉が 入る 大きさの 口の びんを よういします。

［い］、その 中に ビー玉を 入れます。

［う］、びんの 口の ところを、ねつで やわらかく して、ビー玉が 通《とお》れないくらいの 細《ほそ》さに します。

こうして、ラムネの びんが かんせいします。

（書《か》き下《お》ろし）

あ・い・うには、じゅんじょを あらわす ことばが 入るよ。

じゅんじょを あらわす ことばに 気を つけて 読みましょう。

1　あ・い・うに 入る ことばを、［　］から えらんで 書《か》きましょう。（一つ20点）

［つぎに　さいごに　はじめに］

あ［はじめに］　い［つぎに］　う［さいごに］

2　ビー玉を 入れた 後《あと》、びんを どう しますか。（一つ20点）

びんの 口の ところを、［ねつ］で［やわらかく］して、細く する。

40

26 せつ明文《めい》　じゅんじょに 気を つけて 読《よ》む

◆つぎの 文しょうを 読《よ》んで 答《こた》えましょう。

田んぼで そだった いねは、どのように 米《こめ》に なるのでしょう。

はじめに、コンバインと いう きかいで、いねを ねもとから かりとりながら、同時《どうじ》に、いねの 先の 「もみ」と いう ぶぶんを 切《き》りはなします。

つぎに、もみを、かんそうきで かわかします。

さいごに、もみすりきと いう きかいで、もみがらを とりのぞくと、米が 出て きます。この 米は、「げん米《まい》」と いいます。

▲げん米

▲もみ

（書《か》き下《お》ろし）

コンバインは、二つの ことを するんだね。

1　はじめに、コンバインで 何《なに》を しますか。（一つ20点）

・いねを ねもとから［かりとる］。

・いねの 先の「［もみ］」の ぶぶんを 切りはなす。

2　さいごに、何を すると、米が 出て きますか。（一つ20点）

［もみすりき］と いう きかいで、［もみがら］を［とりのぞく］。

41

じゅんじょを あらわす ことばが あると、文しょうが 分《わ》かりやすく なるね。

「ビー玉を 入れます」と いう ことばの 後《あと》の 文を よく 読《よ》もう。

コンバインで する ことが、一つの 文に 二つ 書《か》かれて いるから、気を つけて 読もう。

27・28 せつ明文《めい》　じゅんじょに 気を つけて 読《よ》む

きほん　42・43ページ

27 せつ明文《めい》　じゅんじょに 気を つけて 読《よ》む　きほん

◆つぎの 文しょうを 読《よ》んで 答《こた》えましょう。

ふん火は なぜ おきるのでしょうか。

まず、地《ち》きゅうの 地《じ》めんの 下の マントルと いう ところで、岩石《がんせき》が どろどろに とけた 「マグマ」が できます。この マグマは 少《すこ》しずつ 上に のぼって、地めんに 近《ちか》い ところで たまります。（中りゃく）

たまった マグマが、地めんを つきやぶって ふき出して くるのが ふん火です。

（大山光晴《おおやまみつはる》 総合監修《そうごうかんしゅう》『なぜ?どうして?科学《かがく》のお話《はなし》2年生』Gakken）

「まず」は、じゅんばんを あらわす ことばだよ。

じゅんじょを あらわす ことばに 気を つけて 読みましょう。

1　ふん火が おきる とき、まず どこで、何《なに》が できますか。（一つ25点）

地きゅうの 地めんの 下の［マントル］で、「［マグマ］」が できる。

2　たまった マグマが どう なると、ふん火が おきるのですか。（一つ25点）

地めんを［つきやぶって］［ふき出して］くる。

42

28 せつ明文《めい》　じゅんじょに 気を つけて 読《よ》む

◆つぎの 文しょう

口から 入った 食べものは、はじめに、「い」と いう ふくろに 入って、どろどろに とかされます。

つぎに、「小ちょう」に 入り、えいようが 体《からだ》の 中に とりこまれます。

それから、「大ちょう」で、水分《すいぶん》が 体の 中に とりこまれます。

さいごに、のこった かすが、「こうもん」と いう おしりの あなから うんちと して 外《そと》に 出されます。

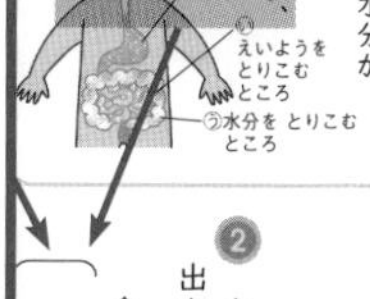

（書《か》き下《お》ろし）

あ「［い］」

い「［小ちょう］」

う「［大ちょう］」

文しょうと 絵を たしかめながら 読もう。

2　さいごに、うんちと して 外に 出されるのは、どんな ものですか。（25点）

食べものの のこった［かす］。

3

「まず」は、「はじめに」と 同《おな》じ、じゅんじょを あらわす ことばだよ。

せつ明文《めい》を 読《よ》む ときは、文しょうの 内《ない》ようを、絵《え》や 図《ず》と てらし合《あ》わせながら 読むと、より 分《わ》かりやすく なるよ。

食《た》べものの 「えいよう」や 「水分《すいぶん》」が 「体《からだ》の 中に とりこまれ」た 後《あと》に のこった 「かす」だね。

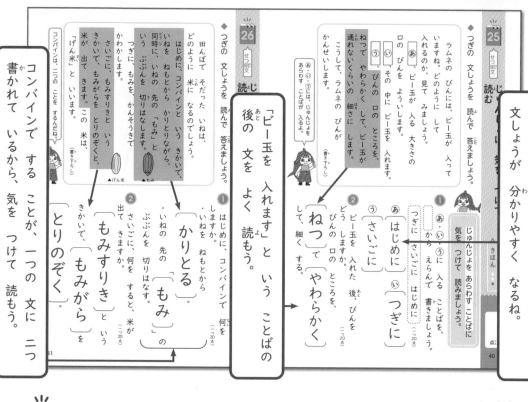

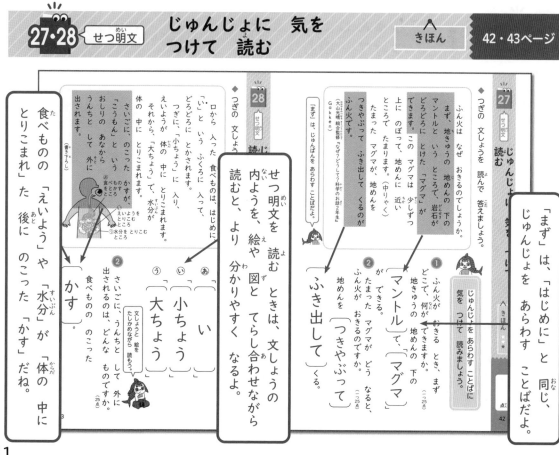

29 せつ明《めい》文 じゅんじょに 気を つけて 読《よ》む

れんしゅう　44・45ページ

――の 後《あと》の ぶぶんを よく 読《よ》もう。

◆つぎの 文しょうを 読《よ》んで 答《こた》えましょう。

春《はる》に なると、たんぽぽの 黄色《きいろ》い きれいな 花が さきます。

二、三日 たつと、その 花は しぼんで、だんだん 黒《くろ》っぽい 色に かわって いきます。そうして、たんぽぽの 花の じく《じ》は、ぐったりと 地めんに たおれて しまいます。

けれども、たんぽぽは、かれて しまったのでは ありません。花と じくを しずかに 休ませて、たねに、たくさんの えいようを おくって いるのです。こうして、たんぽぽは、たねを どんどん 太《ふと》らせるのです。

やがて、花は すっかり かれて、その 後《あと》に、白い わた毛《げ》が できて きます。

この わた毛の 一つ一つは、広《ひろ》がると、ちょうど らっかさんのように なります。たんぽぽは、この わた毛に ついて いる たねを、ふわふわと とばすのです。

この ころに なると、それまで たおれて いた 花の じくが、また おき上がります。

（令和《れいわ》2年度版 光村図書《みつむらとしょ》『こくご 二上 たんぽぽ』42～45ページより「たんぽぽの ちえ」うえむらとしお）

❶ たんぽぽの 花は、さいて 二、三日 たつと、どう なりますか。（一つ10点）

花は〔しぼんで〕、だんだん〔黒《くろ》っぽい〕色に かわって いく。

❷ ――の とき、たんぽぽは、何《なに》を して いますか。（一つ10点）

「二、三日 たつと」と いう ことばが ある 文を よく 読もう。

花と じくを しずかに〔休ませて〕、たねに、たくさんの〔えいよう〕を おくって いる。

❸ 花が かれた 後、何が できて きますか。（10点）

白い〔わた毛《げ》〕。

❹ ❸の ものには、何が ついて いますか。（10点）

〔たね〕

❺ わた毛が できて くる ころ、たんぽぽは、どう なりますか。（一つ15点）

それまで〔たおれて〕いた 花の じくが、また〔おき上がる〈おき上がります〉〕。

「この ころ」とは、「わた毛《げ》が できて」くる ころの ことだね。わた毛を とばす ために、じくが おき上がるんだね。

30 せつ明《めい》文 じゅんじょに 気を つけて 読《よ》む

れんしゅう　46・47ページ

さいしょに、何《なに》に ついて せつ明《めい》するかを つたえて いるよ。

◆つぎの 文しょうを 読《よ》んで 答《こた》えましょう。

とび出す カードの 作り方《つくりかた》を せつめいします。

はじめに、ばねを 作ります。画用紙《がようし》を、たて一センチメートル、よこ十五センチメートルに 切《き》った ものを 二まい よういします。これを、たてむきと よこむきに して、はしを かさねます。そして、下に なって いる 画用紙に かさねるように おります。同《おな》じように、下の 画用紙を

つぎに、ばねの 上と 下に、りょうめんテープを つけて、下の 方《ほう》を、二つおりに した カードに はりつけます。

それから、ばねに つけたい 絵《え》を、画用紙に かきます。とび出すと 楽《たの》しい、おばけや 花たばなど、すきな ものを かきましょう。

さいごに、絵を 切りとって、ばねに はりつけ、あいて いる ところに 絵を かいたら、とび出す カードの かんせいです。

（書《か》き下《お》ろし）

「はじめに」「つぎに」などの ことばに 気をつけて 読めたかな。

❶ 上の 文しょうは、何《なに》に ついて せつめいして いますか。（一つ15点）

〔とび出すカード〕の〔作《つく》り方《かた》〕。

❷ はじめに ようい した 二まいの 画用紙を、どのように かさねますか。（ ）に ○を つけましょう。（10点）

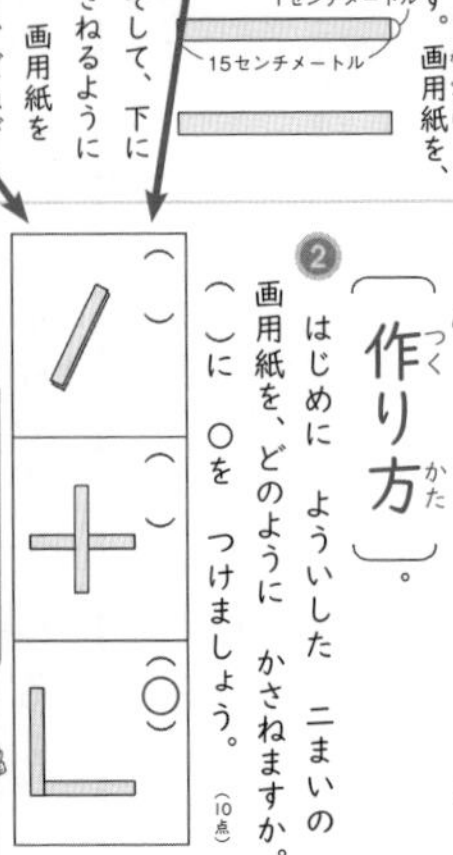

「たてむきと よこむき」「はしを かさねます」と いう ことばに 気を つけて、合《あ》う 絵《え》を えらぼう。

❸ ばねが できあがったら、つぎに 何を しますか。（一つ10点）

ばねの〔上と下〕に、〔りょうめんテープ〕を つけて、二つおりに した《した》カードに〔はりつける〈はりつけます〉〕。

❹ ❸の 後《あと》、何を しますか。（一つ10点）

ばねに つけたい〔絵《え》〕を、画用紙に かく。

➡ 切りとって、〔ばね〕に はりつけ、〔あいて いる〕ところに 絵を かく。

じゅんじょを あらわす、「それから」「さいごに」と いう ことばに 気を つけて、する ことを 読《よ》みとろう。

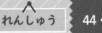

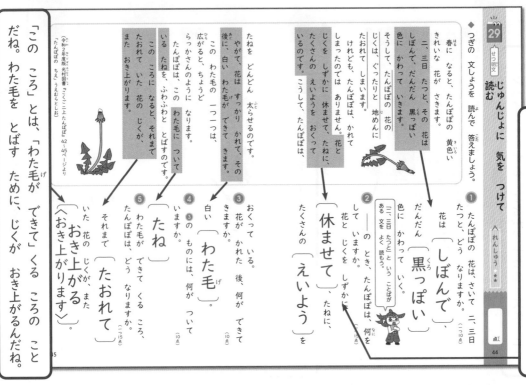

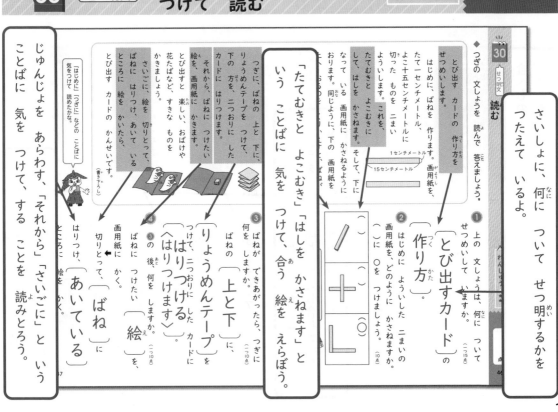

31 せつ明《めい》文 じゅんじょに 気を つけて 読《よ》む

おうよう 48・49ページ

◆ つぎの 文しょうを 読《よ》んで 答《こた》えましょう。

〔ホタルの よう虫は、水の 中で そだつ。二十～三十ミリの 大きさに なった〕

よう虫は、四月 おわりごろの 雨の ふる 夜《よる》に 水の 中から 出て、川ぎしに 上がります。

ゲンジボタルの よう虫は おしりの 先の りょうがわから 光《ひかり》を 出します。雨の 夜、たくさんの よう虫が 上りくする 光けい*1《こう》は みごとです。

川ぎしに 上がった よう虫は やわらかい 土の 地下数《ちかすう》センチの ところに もぐりこみます。そして、口から えき体《たい》を 出して まわりの 土を かため、"土まゆ"を 作《つく》ります。

土まゆの 中で よう虫は 体《からだ》を 丸《まる》く して います。そして、やく五週間後《ごしゅうかんご》 ようやく だっぴして さなぎに なるのです。

さなぎに なった ばかりの 白っぽい 体は 時間《じかん》が たつに つれて 色《いろ》が こく なって いきます。

（中りゃく）

さなぎで 二週間ほど すごした のち、いよいよ 羽化*2《うか》が はじまります。羽化したばかりの せい虫の 羽《はね》は まだ やわらかく、色も うすい 黄色《きいろ》です。

そして、二、三日後、羽が かたく、黒《くろ》く なった せい虫は 土まゆを こわし、地上《ちじょう》に 出て きます。

（佐々木崑《ささきこん》『ホタルの一生』フレーベル館《かん》）

＊1 光けい…その場《ば》で 見える けしきや ようす。
＊2 羽化…こん虫の さなぎなどが、かわを ぬいで、せい虫(大人《おとな》)に なる こと。

「川ぎしに 上がります」と ある 文を よく 読《よ》んで、「いつ」を あらわす ことばを 見つけよう。

① ホタルの よう虫は、いつ 川ぎしに 上がりますか。（一つ15点）

〔四月〕おわりごろの 雨の ふる 〔夜《よる》〕。

② 川ぎしに 上がった よう虫は、どう しますか。（一つ15点）

・やわらかい 〔土〕の 地下数センチの ところに もぐりこむ。
・口から えき体を 出して、〔土まゆ〕を 作る。

③ さなぎの 体の 色は、どう かわりますか。（一つ15点）

さなぎに なった ばかり	〔白〕っぽい。
時間が たつと	色が 〔こく〕 なって くる。

④ せい虫が 地上に 出て くるのは、いつですか。一つ えらんで、○を つけましょう。（10点）

（ ）羽化して 五週間後。
（ ）羽化して 二週間後。
（○）羽化して 二、三日後。

「地上《ちじょう》に 出て きます」と ある 文の はじめに、「二、三日後《ご》」と あるね。

32 せつ明《めい》文 じゅんじょに 気を つけて 読《よ》む

おうよう 50・51ページ

◆ つぎの 文しょうを 読《よ》んで 答《こた》えましょう。

トイレットペーパーが、どのように 作《つく》られるのかを 見て いきましょう。

はじめに、「チップ」と よばれる、木を 細《こま》かく 切《き》った ものを、大きな かまで ぐつぐつ にて、木の 「せんい」を とり出します。これを、くすりを つかって 白く します。これを、「パルプ」と いいます。

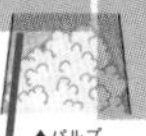

▲パルプ

つぎに、パルプに 水を くわえて どろどろに して、あみの 上に うすく 広《ひろ》げます。

その 上に、フェルトと いう ぬのを のせて、ローラーに かけます。

こう すると、水を しぼりとる ことが できます。

さいごに、大きな ドライヤーで かわかして、ローラーで まきとると、トイレットペーパーが できあがります。

できあがった トイレットペーパーは、この 後《あと》、わたしたちが 見なれて いる しんに まきとられて、カットされます。

（書《か》き下《お》ろし）

「はじめに」から はじまる ぶぶんを よく 読《よ》もう。「チップ」「せんい」「パルプ」など、とくべつな ことばに 気を つけて 読もう。

① トイレットペーパーを 作る とき、はじめに 何《なに》を しますか。（一つ15点）

「チップ」から、木の 「〔せんい〕」を とり出し、白く して、「〔パルプ〕」を 作る。

② つぎに、何を しますか。（一つ15点）

パルプに 〔水〕を くわえて どろどろに して、〔あみ〕の

「こう すると、水を しぼりとる ことが できます。」と あるから、その 前《まえ》の 文を よく 読もう。

（ ）フェルトを のせて、おもしを のせる。
（○）フェルトを のせて、ローラーに かける。
（ ）大きな ドライヤーで、風《かぜ》を 当《あ》てる。

④ さいごに 何を しますか。（一つ10点）

大きな ドライヤーで かわかして、〔ローラー〕で 〔まきとる〕。

ひょうげん力 ⑤ どのように 作られるのかを 知《し》りたい ものを 書《か》きましょう。（10点）

れい 〔チョコレート〕

どのように 作《つく》られるのかを 知《し》りたい ものが、書《か》けて いれば 正かいだよ。

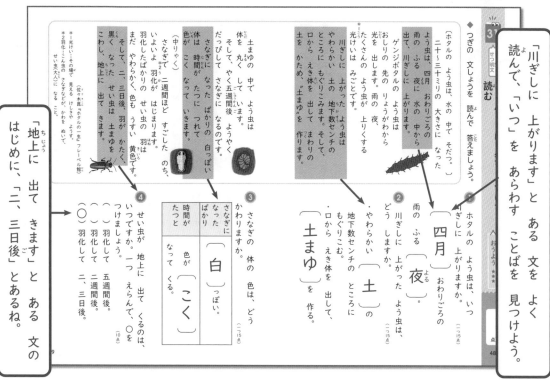

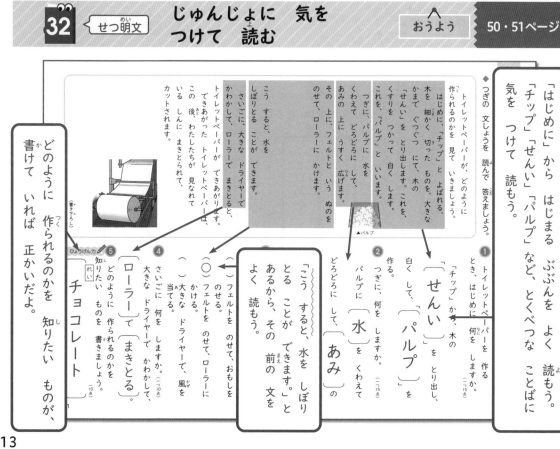

33・34 ものがたり 何《なに》が おこったかを つかむ

きほん 52・53ページ

33 ものがたり 何が おこったかを つかむ　きほん

◆つぎの 文しょうを 読《よ》んで 答《こた》えましょう。

よく 晴《は》れた 秋《あき》の 日。りすは、森で どんぐりを ひろって いました。

かご いっぱいに どんぐりを ひろって、うちへ 帰《かえ》ろうと した とき、空が きゅうに くらく なって、大つぶの 雨が ふって きました。

りすが、どう しようかと 思《おも》って いると、どこからか、「りすさん、こっち、こっち。」と いう 声《こえ》が しました。

（書《か》き下《お》ろし）

できごとに 気を つけて 読みましょう。

❶ りすが、うちへ 帰ろうと した とき、何《なに》が おきましたか。（一つ25点）

空が きゅうに〔くらく〕なって、大つぶの〔雨〕が ふって きた。

❷ りすが、どう しようかと 思って いると、どんな ことが おきましたか。（50点）

「帰ろうと した とき」と いう ことばを さがして、その 後《あと》を よく 読もう。

どこからか、「〔りすさん、こっち、こっち。〕」と いう 声が した。

「りすが、どう しようかと 思《おも》って いると、」の 後《あと》の ぶぶんを よく 読《よ》もう。

点《てん》

52

34 ものがたり 何《なに》が おこったかを つかむ　きほん

◆つぎの 文しょうを 読《よ》んで 答《こた》えましょう。

山は みどりで むんむんして いました。てっぺんまで いかない うちに、オニの 子は、おなかが すいて しまいました。おべんとうに しようかと 立ちどまった とき、オニの 子は、きゅうに 目が 見えなく なりました。

なにかが ぴたっと かおに かぶさって、目かくしを したのです。

「な、なんだ、どう したんだ。」

いそいで かおから はがして みると、まっくろに よごれた タオルです。

（川崎《かわさき》 洋《ひろし》「タオルの海《うみ》」・『ぼうしをかぶったオニの子』あかね書房《しょぼう》）

❶ オニの 子が、きゅうに 目が 見えなく なったのは、なぜですか。（一つ25点）

なにかが ぴたっと かおに〔かぶさって〕、〔目かくし〕を したから。

❷ かおに かぶさった ものは、何《なん》でしたか。（一つ25点）

「きゅうに 目が 見えなく なりました」と いう ことばの、後の 文を 読もう。

〔まっくろ〕に よごれた〔タオル〕。

オニの 子は、目かくしを した ものを 「いそいで かおから はがして」みたんだね。

53

35・36 ものがたり 何《なに》が おこったかを つかむ

きほん 54・55ページ

35

◆つぎ…

こまったおばさんが、たまごを、ポン と わったら、中から、ちびライオンが でて きました。

「ひゃあ、こまった! どう しよう。」にげようと すると、ちびライオンが、こまったおばさんの、えりくびに くいついて、とびあがったのです。なんと、ライオンには、はねが はえて いたのでした。

ライオンは、こまったおばさんを くわえた まま、とんで、とんで、海《うみ》まで きて しまいました。

（寺村輝夫《てらむらてるお》「こまったおばさん それからどうした」・『こまったおばさん それからどうした』講談社《こうだんしゃ》）

気を つけて 読みましょう。

❶ たまごの 中から、何《なに》が 出て きましたか。（40点）

〔ちびライオン〕

❷ とびあがった ちびライオンは、どう しましたか。（一つ30点）

こまったおばさんが、たまごを わったんだね。

〔こまったおばさん〕を くわえた まま、とんで、とんで、〔海《うみ》〕まで きた。

ばめんの ようすを 思《おも》いうかべながら、こまったおばさんが たまごを わった たまごの 中から、ちびライオンが 出《で》て きたんだね。何《なに》が おこったかを たしかめよう。

36 ものがたり

◆つぎの 文しょ…

ある ばんの こと、ねむって いた スーホは、はっと 目を さましました。けたたましい 馬《うま》の 鳴《な》き声《ごえ》と、ひつじの さわぎが 聞《き》こえます。スーホは、はねおきると 外《そと》に とび出し、ひつじの かこいの そばに かけつけました。

見ると、大きな おおかみが、ひつじに とびかかろうと して います。そして、わかい 白馬《しろうま》が、おおかみの 前《まえ》に 立ちふさがって、ひっしに ふせいで いました。

（令和《れいわ》2年度版《ねんどばん》 光村図書《みつむらとしょ》『こくご 二下 赤とんぼ』112ページより「スーホの白い馬」 おおつかゆうぞう）

❶ 大きな〔おおかみ〕が、ひつじに〔とびかかろう〕と して いた。

❷ わかい 白馬は、何を して いましたか。（一つ25点）

スーホが ひつじの かこいの そばに かけつけた とき、どんな ようすだったかな?

おおかみの 前に〔立ちふさがって〕、ひっしに〔ふせいで〕いた。

「とびあがったのです」と いう ことばの 後《あと》の ぶぶんから、ちびライオンが した ことが 書《か》かれて いる 文を さがそう。

「わかい 白馬《しろうま》が」と いう ことばを さがして、その 文を よく 読《よ》もう。

55

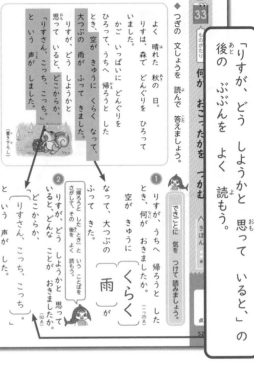

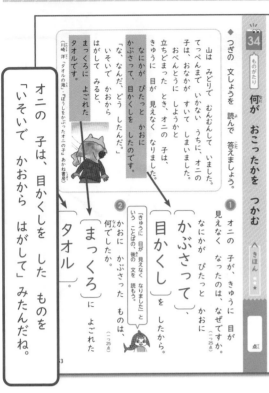

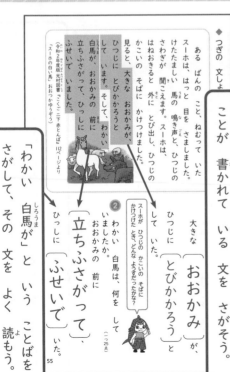

37 ものがたり 何《なに》が　おこったかを　つかむ　れんしゅう　56・57ページ

◆つぎの　文しょうを　読《よ》んで　答《こた》えましょう。

レオくんは、はみがきの　チューブを　つついて、いいました。

「アイスクリームに　なれ。アイスクリームに　なったら、みがいて　やる。」

すると、ほんとうに、アイスクリームに　なりました。

「しめた。」

レオくんは、おいしい　アイスクリームを、はブラシに　つけて、コシキシ、はを　みがきました。

が――。

いままで、きが　つかなかったのです。レオくんの、おくばが、むしばに　なって　いたのです。つめたい　アイスクリームが、むしばの　あなに　はいったから　たまりません。

「いた、たたたたっ。」

あわてて、水で　ゆすぎました。

つぎの　日、やっぱり、チューブから　でて　きたのは、アイスクリームでした。

「こんなんで　みがいたら、むしばが　もっと　わるく　なる。」

レオくんは、はみがきの　チューブを、ゆかに　たたきつけました。

すると、チューブが、

「よくも　やったな。」

と、たちあがりました。

（寺村輝夫《てらむらてるお》「はみがきロケット」・『トコおばさん　それからどうした』講談社《こうだんしゃ》）

❶ レオくんが、――と　いうと、どう　なりましたか。（一つ15点）
〔はみがき〕の　チューブの　中みが、〔アイスクリーム〕に　なった。

❷ レオくんは、はを　みがきはじめて、どんな　ことに　きが　つきましたか。（一つ10点）
レオくんの　〔おくば〕が、〔むしば〕に　なって　いた　こと。

ゆすいだのは　なぜですか。（一つ10点）
〔つめたい〕アイスクリームが、むしばの　〔あな〕に　はいって、いたかったから。

❹ レオくんが、チューブを　ゆかに　たたきつけると、どう　なりましたか。（一つ15点）
チューブが、「〔よくも　やったな〕。」と　いって、〔たちあがった〈たちあがりました〉〕。

レオくんは、「はみがきの　チューブを　つついて、」――の　ことばを　言《い》って　いたね。

「おいしい　アイスクリーム」で　はを　みがきはじめた　ときに　きが　ついたんだね。

「レオくんは、～たたきつけました。」と　いう　文の　後《あと》の　文を　よく　読《よ》もう。

38 ものがたり 何《なに》が　おこったかを　つかむ　れんしゅう　58・59ページ

◆つぎの　文しょうを　読《よ》んで　答《こた》えましょう。

町はずれの　山の　ふもとに、三日月《みかづき》さんと　いう　なまえの　いかけやさんが　すんで　いました。

いかけやさんと　いうのは、あなの　あいた　なべや　かまを、しゅうりする　人の　ことです。

（中りゃく）

春《はる》の　夜《よる》でした。わかばの　かおりが、あたりを　やさしく　つつんで　いました。

三日月さんは、ま夜中《よなか》、外《そと》の　もの音で　目を　さましました。耳を　すますと、うらにわから、「えいっ」と　いう　かわいい　かけ声《ごえ》が　きこえて　きます。

（こんな　夜《よ》ふけに、だれだろう？）

三日月さんが、カーテンの　すきまから　うらにわを　のぞくと、まっ白な　こだぬきが、月の　光《ひかり》を　うけながら、ちゅうがえりを　して　いる　ところでした。

（ゆめでも　見てるんだろうか！）

と、その　とき、「えいっ」と　ちゅうがえりを　した　こだぬきが、おかっぱの　女の子に　かわったのです。

（いやあ、みごとな　もんだ……）

（茂市久美子《もいちくみこ》『ゆめをにるなべ』教育画劇《きょういくがげき》）

❶ 三日月さんは、どこに　すんで　いましたか。（一つ10点）
〔町はずれ〕の　〔山〕の　ふもと。

❷ 三日月さんが、ま夜中に　耳を　すますと、どこから、何《なに》が　きこえて　きましたか。（一つ10点）
〔うらにわ〕から、「〔えいっ〕」と　いう、かわいい　〔かけ声〕が　きこえて　きた。

いましたか。（一つ15点）
まっ白な　〔こだぬき〕が、月の　光を　うけながら、〔ちゅうがえり〕を　して　いた。

❹ 三日月さんが、――と　思《おも》った　とき、何が　おこりましたか。（一つ10点）
「えいっ」と　ちゅうがえりを　した　〔こだぬき〕が、おかっぱの　〔女の子〕に　かわった。

――の　後《あと》を　よく　読もう。

「すんで　いました」と　いう　ことばが　ある　文を　よく　読《よ》んで、場《ば》しょが　分《わ》かる　ことばを　見つけよう。

三日月《みかづき》さんは、「ま夜中《よなか》、外《そと》の　もの音で」目を　さまして、耳を　すましたんだね。

――の　後《あと》を　よく　読もう。「その　とき」は、三日月さんが　――と　思《おも》った　ときの　ことだね。

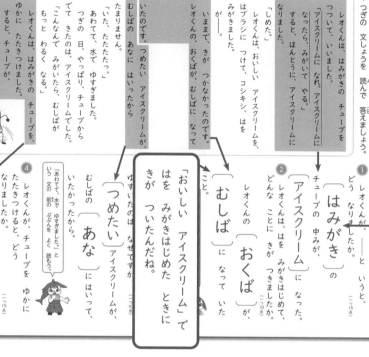

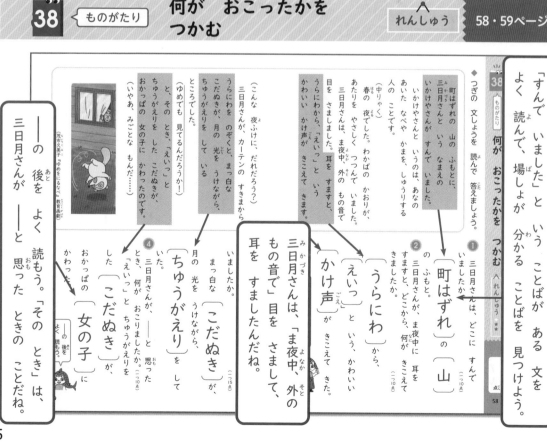

39 ものがたり 何《なに》が おこったかを つかむ

おうよう 60・61ページ

◆ つぎの 文しょうを 読《よ》んで 答《こた》えましょう。

きが つくと、シマウマの プンダは、みちに まよって、さばくに きて いました。

「ああ、どう しよう。どっちに いったら いいか、わかんない。」

あるいて いる うちに、おなかが すいて きました。でも、さばくには、くさが はえて いません。

「こまったなあ。めが まわるよ。」

プンダは、がまんが できなく なって、じぶんの かげを たべだしました。なめるように、すいこむように、たべて しまいました。

「やれやれ。うまかった。」

ぜんぶ たべおわった とき、さばくが、いちめん、まっくろに なって いました。

「えぇっ！」

きが つくと、プンダは、空に うかんで いました。

「わあっ。きもち いい。」

その とき、くろい さばくの なかで、なにかが うごきました。そして、ゾウが あらわれたのです。と いっても、みえたのは、かげです。かげは、まっしろでした。まるで、オアシス＊みたいに みえました。

「あ。うまそうな 水だ。」

プンダは、おりて いって、ゾウの かげを のみました。

（寺村輝夫《てらむらてるお》「シマウマ・プンダのかげ」・『トコおばさん それから どう…』）

＊オア…

1 みちに まよった プンダは、どこに きて いましたか。（10点）

〔さばく〕

2 プンダは、何《なに》を たべだしましたか。（10点）

じぶんの 〔かげ〕。

3 プンダが ぜんぶ たべおわった とき、どう なって いましたか。（一つ10点）

〔さばく〕が、いちめん、〔まっくろ〕に なって

4 （一つ15点）〔まっしろ〕な ゾウの 〔かげ〕。

5 4を みた プンダは、どう しましたか。（一つ15点）

「あ。〔うまそうな水〕だ。」と 言《い》って、さばくに おりて、ゾウの かげを 〔のんだ（のみました）〕。

「たべだしました」と いう ことばを さがして、その 文を よく 読《よ》もう。

「〜空に うかんで いました。」の 後《あと》の、「その とき、」から はじまる ぶぶんを よく 読もう。

「くろい さばく」に あらわれた ゾウの かげが、「オアシスみたいに」 みえたから、プンダは 「うまそうな 水だ。」と 言《い》ったんだね。

40 ものがたり 何《なに》が おこったかを つかむ

おうよう 62・63ページ

◆ つぎの 文しょうを 読《よ》んで 答《こた》えましょう。

冬《ふゆ》の はじめの、ぽかぽかと あたたかい 日の ことでした。

ハナさんは、やさい畑《ばたけ》で、だいこんを ぬいて いました。

「なんて、ぷっくり おいしそうな だいこん。みごとに できた こと。くつやの おじいさんに、もって いって あげなきゃ」

その とき、町の ほうの ドアが、あいたような 音が しました。

ハナさんが、いそいで へやに はいって みると、いすの 上に、みなれない 子どもの オーバー＊が、かかって います。

ハナさんは、テーブルの 下や、ベッドの かげを のぞいて みました。でも、だあれも いません。

「なあんだ。おきゃくさまかと おもったら、オーバーだけか……」

ハナさんは、ちょっと がっかりしました。

すると、オーバーが すいと うごいて、

「オーバーじゃ、いけないの。おきゃくさんには、して くれないの」

と、ボタンの あなを ぺくぺく、あけたり しめたり して、口を きいたのです。

（角野栄子《かどのえいこ》「オーバーくんがきた話《はなし》」・『ハナさんのおきゃくさま』 福音館書店《ふくいんかんしょてん》）

＊オーバー…さむさや 雨を ふせぐ ために、ふくの 上に きる もの

1 どんな 日の できごとですか。（一つ10点）

〔冬《ふゆ》〕の はじめの、ぽかぽかと 〔あたたかい〕 日。

2 ハナさんが した ことと、その とき おこった ことは 何《なん》ですか。（一つ10点）

ハナさんが した こと	おこった こと
やさい畑で だいこんを 〔ぬいて〕 いた。	町の ほうの ドアが、〔あいた〕 ような 音が した。
いそいで 〔へや〕に はいった。	いすの 上に、子どもの 〔オーバー〕が、かかって いた。

3 ハナさんが、ちょっと がっかりしたのは、なぜですか。（一つ10点）

〔おきゃくさま〕が きたと おもったら、〔オーバー〕 だけだったから。

4 あなたの 家に オーバーが きたら、いっしょに 何を したいですか。考《かん》えて 書きましょう。（20点）

ひょうげん力

れい 〔おかしを食べたり、ゲームをしたりしたい。〕

「その とき」とは、ハナさんが 「やさい畑《ばたけ》で、だいこんを ぬいて」 いた ときの ことだね。

オーバーと いっしょに したい ことなどを、じゆうに 考《かん》えて 書《か》けて いれば 正かいだよ。

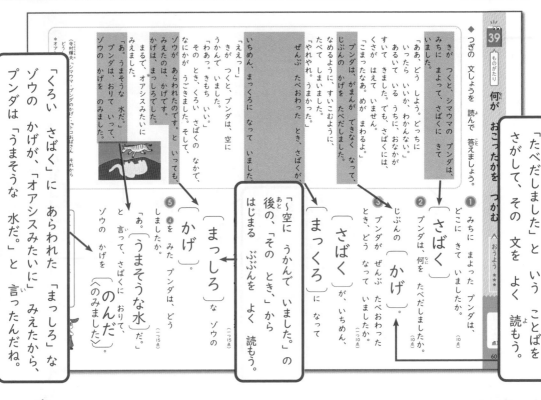

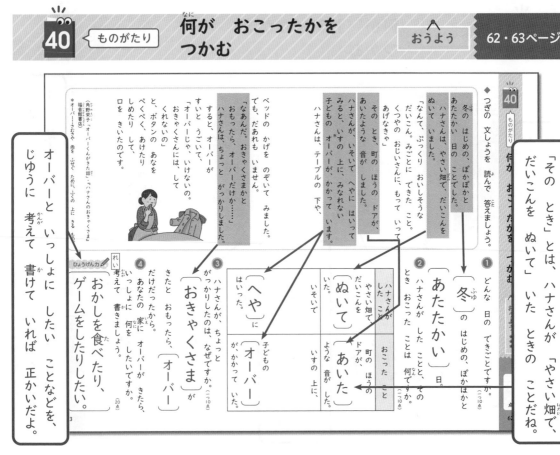

41・42 せつ明文《めい》 文を　つなぐ　ことばに　気を　つけて　読《よ》む

きほん　64・65ページ

「クモの　すは」から　はじまる　文を　よく　読《よ》もう。「よこ糸」「たて糸」の　とくちょうを　せつ明《めい》して　いるね。

41 せつ明文《めい》　文を　つなぐ　ことばに　気を　つけて　読む

◆つぎの　文しょうを　読《よ》んで　答《こた》えましょう。

クモは、どうして　自分《じぶん》が　作《つく》った　すに、引《ひ》っかからないのでしょうか。

クモの　すは、よこ糸は　ねばねばして　いて、くっつく　力が　強《つよ》く、たて糸は　あまり　くっつきません。クモは、この　たて糸を　えらんで　歩《ある》きます。

また、クモの　あしから　あぶらが　出て　いて、よこ糸に　さわっても、くっつきにくいのです。

□、クモは、自分の　すに　引っかからないのです。

（書《か》き下《お》ろし）

文と　文の　つながりに　気を　つけて　読みましょう。

❶ クモの　すには、どんな　とくちょうが　ありますか。（一つ25点）

・〔よこ〕糸は、〔ねばねば〕して　いて、くっつく　力が　強い。

・〔たて〕糸は、あまり　くっつかない。

❷ □に　入る　ことばを　えらんで、○を　つけましょう。（25点）

（　）ところが

（○）だから

（　）でも

□には、文を　つなぐ　ことばが　入るよ。

□の　前《まえ》の　ぶぶんで、「クモは、自分の　すに　引《ひ》っかからない」ことの　理《り》ゆうを　せつ明して　いるから、「だから」が　入るよ。

42

ハエトリソウは、虫などを　つかまえて　食《た》べる　しょくぶつです。

虫たちは、ハエトリソウが　おそろしい　虫とり草で　ある　ことを　まったく　知《し》りません。ですから、ハエトリソウの　そばを　へいきで　歩《ある》いたり、わなの　中へも　入って　いきます。

虫が　葉《は》の　みぞに　入り、引《ひ》き金《がね》の　はりに　ふれると、葉は　二分《ぶん》の一びょうぐらいの　はやさで　とじます。

（清水《しみず》清《きよし》『食虫植物《しょくちゅうしょくぶつ》のひみつ』あかね書房《しょぼう》）

❶ ハエトリソウが　おそろしい　虫とり草で　ある　ことを　できるのは　なぜですか。（一つ25点）

まったく〔知《し》らない〕から。

〔虫とり草〕で　ある　ことを

❷ ハエトリソウの　葉は、どう　なると　とじますか。（一つ25点）

虫が〔葉《は》の　みぞ〕に　入り、引き金の〔はり〕に　ふれると　とじる。

——の　前《まえ》に　「ですから」と　あるから、その　前の　ぶぶんに　理《り》ゆうが　書《か》かれて　いるよ。

「とじます」と　いう　ことばを　さがして、その　文を　よく　読もう。

43・44 せつ明文《めい》 文を　つなぐ　ことばに　気を　つけて　読《よ》む

きほん　66・67ページ

43

◆つぎの　文しょうを　読んで　答えましょう。

エニシダの　花の　おしべと　めしべは、はじめ　ふなべんと　いう　ふねのような　形《かたち》を　した　花びらの　中に　入って　いて　見えません。

□、こん虫が　ふなべんに　とまると、中から　おしべと　めしべが　とびだして　きます。

この　とき、おしべの　花《か》ふんは　こん虫に　つき、こん虫に　ついて　いた　花ふんは　めしべに　ついて、じゅふん*が　おこなわれるのです。

*じゅふん…おしべの　花ふんが　めしべに　つく　こと。

（清水《しみず》清《きよし》『植物《しょくぶつ》は動《うご》いている』あかね書房《しょぼう》）

❶ おしべと　めしべは、はじめ　どう　なって　いますか。（一つ35点）

〔ふなべん〕と　いう　花びらの　中に〔入って〕いて　見えない。

❷ □に　入る　ことばを　一つ　えらんで、○を　つけましょう。（30点）

（　）だから

（○）でも

（　）それで

□の　前《まえ》と　後《あと》の　文を　よく　読もう。

エニシダの　花の　おしべと　めしべに　ついて、□の　前《まえ》では、「花びらの　中に　入って　い」るときの　ことを　せつ明《めい》して、□の　後《あと》では、「とびだして」くる　ときの　ことを　せつ明して　いるね。はんたいの　ことを　せつ明して　いるから、「でも」が　入るよ。

44 せつ明文《めい》　文を　つなぐ　ことばに　気を　つけて　読《よ》む

きほん

◆つぎの　文しょうを　読《よ》んで　答《こた》えましょう。

木の葉《は》は、太《たい》ようの　光《ひかり》を　あびて、木に　ひつような　えいようを　作《つく》り出《だ》して　います。そのため、太ようが　長《なが》く　当《あ》たる　春《はる》から　夏《なつ》に　かけて　どんどん　ふえて　大きく　なります。

ところが、秋《あき》や　冬《ふゆ》に　なると、太ようの　光が　弱《よわ》く　なり　太ようの　出て　いる　時間《じかん》も　みじかく　なるので、えいようを　あまり　作る　ことが　できなく　なります。

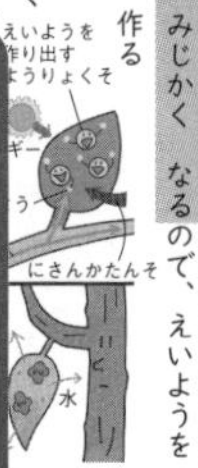

（佐々木昭弘《ささきあきひろ》監《かん》

❶ 春から　夏に　かけて、木の葉は、どう　なりますか。（一つ25点）

どんどん〔ふえて〕、〔大きく〕なる。

❷ 木の葉が　秋や　冬に、えいようを　あまり　作る　ことが　できなく　なるのは、なぜですか。（一つ25点）

太ようの　光が〔弱《よわ》く〕なり、太ようの　出て　いる　時間も〔みじかく〕なるから。

点《てん》

「えいようを　あまり　作《つく》る　ことが　できなく　なります」の　前に、「～ので」と　あるから、前の　ぶぶんに、理《り》ゆうが　書《か》かれて　いるよ。

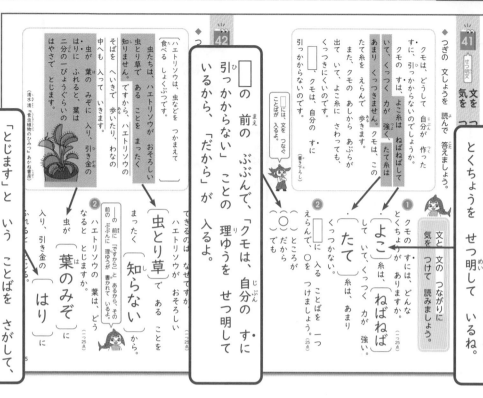

◆つぎの 文しょうを 読《よ》んで 答《こた》えましょう。

地《じ》めんに 生えて いる しょくぶつは、体《からだ》に ひつような 水を 土の 中から 根《ね》を つかって すい上げて います。

□、花びんに さして ある 花は、根が ありませんから、かわりに くきの 中に ある 細《ほそ》い くだを つかって、花びんの 中に ある 水を すい上げて います。

花びんに 入れた 花が かれて しまうのは、この くだが だんだん ふさがって しまって、水を すい上げる ことが できなく なって しまうからです。

くだを ふさいで しまうのは、花を 切《き》った ときに 入りこんだ とても 小さな 空気の つぶや、花びんの 水に 入って いる、目には 見えない 小さな ばいきんです。

ですから、くきの 中の くだに 空気が 入らないように、水の 中で 花の くきを 切ったり、ばいきんが ふえないように、花びんの 水を まめに とりかえて やると、花を 長《なが》もちさせる ことが できます。

(久道健三《ひさみちけんぞう》『かがくなぜどうして 二年生』偕成社《かいせいしゃ》)

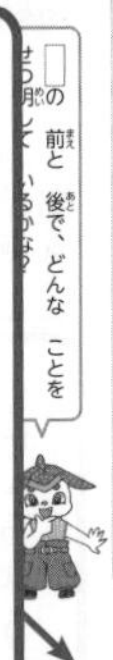

❶ □に 入る ことばを 一つ えらんで、○を つけましょう。(10点)
( ) だから ( ) そのため
(○) けれど

❷ 花びんに さして ある 花は、何《なに》を つかって 水を すい上げますか。(一つ15点)
〔くき〕の 中に ある 細い 〔くだ〕。

❸ 花びんに 入れた 花が かれて しまうのは、なぜですか。(一つ10点)
〔くだ〕が、水を すい上げる だんだん 〔ふさがって〕 しまって、水を 〔すい上げる〕 ことが できなく なるから。

❹ □のように すると、花を 長もちさせる ことが できるのは、なぜですか。(一つ10点)
水を すい上げる くだを ふさぐのは、花を 〔切《き》った〕 ときに 入りこむ 小さな 〔空気のつぶ〕や、花びんの 水に 入って いる 小さな 〔ばいきん〕だから。

□の 前《まえ》は、根《ね》が ある しょくぶつに ついて、□の 後《あと》は、はんたいに、根が ない しょくぶつに ついて せつ明《めい》して いるよ。

「~からです」と いう 言《い》い方《かた》を つかって、理《り》ゆうを せつ明して いるね。

□の 文の はじめに、「ですから」と あるから、その 前の ぶぶんを 読《よ》むと、理ゆうが 分《わ》かるよ。

◆つぎの 文しょうを 読《よ》んで 答《こた》えましょう。

テレビや 本などで、うちゅう船《せん》の 中の ようすを 見た ことは、ありませんか。

うちゅう船の 中では、人は ふわふわ うかび、水も 丸《まる》く なって、ぷかぷか ういて います。

でも、うちゅう船の 中の トイレで した うんちや おしっこが、目の 前《まえ》に ぷかぷか うかんで いたら、いやですね。

□、うちゅう船の トイレは、とくべつな しくみに なって いるのです。強力《きょうりょく》な そうじきのような きかいで、うんちや おしっこを、たちまち すいとって しまいます。

すいとられた ものは、きかいで かわかしてから、細《こま》かく して、地《ち》きゅうに もって かえります。

また、トイレの 中で、人が ふわふわ ういたら こまるので、シートベルトで 体《からだ》を しっかり とめます。

(丹伊田弓子《にいだゆみこ》 監修《かんしゅう》『なぜ?どうして?みぢかなぎもん2年生』Gakken)

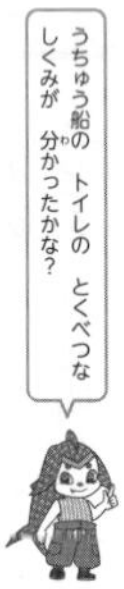

❶ うちゅう船の 中の ようすは、どう なって いますか。(一つ10点)
人は ふわふわ 〔うかび〕、水も 〔丸《まる》く〕 なって、ぷかぷか 〔ういて〕 いる。

❷ □に 入る ことばを 一つ えらんで、○を つけましょう。(10点)
(○) だから
( ) でも
( ) ところが

❸ うち… どのよ… います…
強力な 〔そうじき〕のような きかいで、うんちや おしっこを、たちまち 〔すいとって〕 しまう。

❹ すいとられた ものは、どう しますか。(一つ10点)
きかいで 〔かわかして〕から 細かく して、地きゅうに 〔もってかえる〈もってかえります〉〕。

❺ うかないように する ために、トイレの 中で、人が 何《なに》を しますか。(10点)
体を 〔シートベルト〕で しっかり とめる。

□の 前《まえ》と 後《あと》の つながりを 考《かんが》えよう。「~うかんで いたら、いや」だから、「とくべつな しくみに なって」いるんだね。

「とくべつな しくみに なって いる」の 後の 文に ちゅう目しよう。

さいごの 文を よく 読《よ》もう。

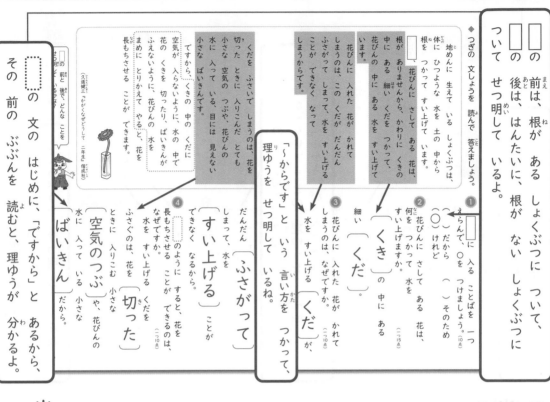

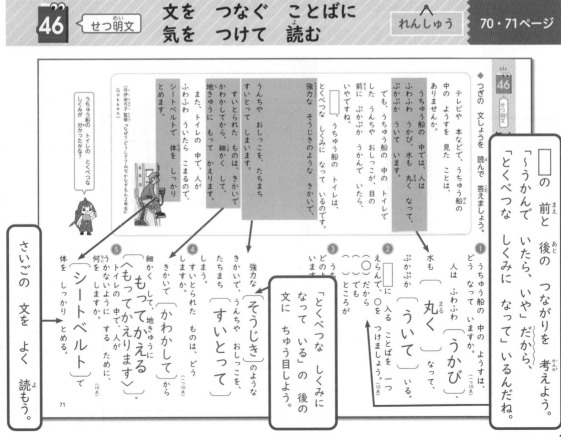

文を　つなぐ　ことばに　気を　つけて　読《よ》む

「ひなは、～とぶ　ことは　できません。」と　いう　文の　すぐ　後《あと》で、「なぜかと　いうと、～からです。」と　いう　言《い》い方《かた》で、理《り》ゆうを　せつ明《めい》して　いるね。

◆つぎの　文しょうを　読《よ》んで　答《こた》えましょう。

ひなは、地上《ちじょう》を　歩《ある》き回《まわ》る　ことは　できますが、空を　とぶ　ことは　できません。なぜかと　いうと、生まれたての　ひなは　羽毛《うもう》だけで、空を　とぶ　ための　羽《はね》が　ないからです。

羽が　生えるまでには、数《すう》か月《げつ》かかります。□　ニワトリは、ほかの　野鳥《やちょう》のように、空高《そらたか》く　まい上がる　ことが　できません。

ニワトリと　同《おな》じ　なかまの　キジや　ヤマドリや　ライチョウも、生まれると　すぐに　歩き回って、えさを　ひろいます。

キジや　ヤマドリは　野鳥ですから、ニワトリと　ちがって、空を　遠《とお》くまで　とびます。これらの　鳥《とり》は、地上に　巣《す》を　作《つく》るのが　とくちょうです。

ツバメは、家《いえ》の　のきなどに　どろを　こねて　巣を　作ります。うまれた　ひなは　赤子《あかご》で、目も　ひらいて　いません。もし、ツバメが　ニワトリと　同じように、生まれて　すぐ　歩きだしたら、のきから　おちて　しんで　しまいます。

（清水清《しみずきよし》『たまごのひみつ』あかね書房《しょぼう》）

▲キジ　▲ヤマドリ　▲ツバメの巣

1 生まれたての　ひなが、とぶ　ことが　できないのは、なぜですか。（一つ10点）
生まれたての　ひなは、〔羽毛《うもう》〕だけで、空を　とぶ　ための　〔羽《はね》〕が　ないから。

2 □に　入る　ことばを　一つ　えらんで、○を　つけましょう。（10点）
（○）しかし
（　）そのため
（　）だ

3 キジや　生まれる　しますか。
すぐに　〔歩《ある》き回《まわ》って〕、〔えさ〕を　ひろう。

羽《はね》は　生えるけれど、ニワトリは、「空高《そらたか》く　まい上がる　ことが」　できないね。

4 それぞれの　鳥は、どんな　ところに　巣を　作りますか。（一つ10点）

キジや ヤマドリ	ツバメ
〔地上《ちじょう》〕に　巣を　作る。	〔家《いえ》〕の　〔のき〕などに、〔どろ〕を　こねて　巣を　作る。

「これらの　鳥《とり》」とは、その　前《まえ》の　文に　出て　くる、「キジや　ヤマドリ」の　ことだね。

文を　つなぐ　ことばに　気を　つけて　読《よ》む

こん虫や　草や　木の、実《み》を　食《た》べる　ために、くちばしが　太《ふと》く　みじかい　形《かたち》を　して　いるんだね。

◆つぎの　文しょうを　読《よ》んで　答《こた》えましょう。

スズメは　おもに、春《はる》から　夏《なつ》は　こん虫を　食《た》べ、秋《あき》に　なると、草や　木の、実《み》を　食べます。

□、スズメの　くちばしは、こん虫や、しょくぶつの　実など、かたい　ものが　食べやすいように、太《ふと》く　みじかい　形を　して　います。

ところが、近《ちか》ごろの　スズメは、春に　今《いま》までは　食べなかった、サクラの　花の　みつも、食べるように　なりました。

もともと、花の　みつを　食べる　メジロの　くちばしは　細長《ほそなが》く、ある　花の　おくまで　さしこんで　みつを　なめとるのに、つごうの　いい　形を　して　います。

しかし、スズメのような　太く　みじかい　くちばしでは、花の　おくまで　とどきません。

そこで　スズメは、ちえを　しぼります。くちばしで、花を　じくごと　ちぎりとり、みつの　ある　ぶぶんを　チュチュチュと　かんで、みつを　食べるのです。

この　やり方《かた》なら、太く　みじかい　くちばしでも、花の　みつを　食べる　ことが　できます。

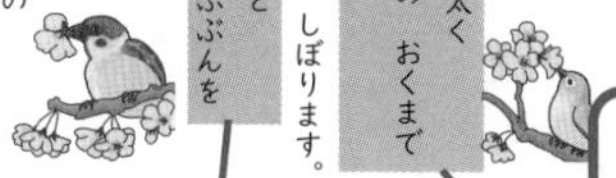

（成島悦雄《なるしまえつお》監修《かんしゅう》『動物《どうぶつ》のちえ①　食べるちえ』偕成社《かいせいしゃ》）

1 □に　入る　ことばを　一つ　えらんで、○を　つけましょう。（15点）
（　）しかし
（○）そのため
（　）ところが

2 近ごろの　スズメは、春に　何《なに》を　食べるように　なりましたか。（15点）
サクラの　〔花の　みつ〕。

3 スズメの　くちばしが、みつが
〔太《ふと》く　みじかい〕から。

花の　おくまで　さしこむのには、メジロのような　細長《ほそなが》い　くちばしが　つごうが　よいけれど、スズメの　くちばしは、そうでは　ないんだね。

4 スズメは、どのように　して　花の　みつを　食べるのですか。（一つ15点）
くちばしで、花を　じくごと　〔ちぎり〕〈ちぎりとり〉、みつの　ある　ぶぶんを　チュチュチュと　〔かんで〕　食べる。

5 ひょうげん力　スズメに　ついて、ほかに　知《し》りたい　ことを　書《か》きましょう。（20点）
れい　〔夜《よる》に　なったら、どこへ　行《い》くのか。〕

スズメに　ついて　知《し》りたいと　思《おも》う　ことが　書《か》けて　いれば、正《せい》かいだよ。

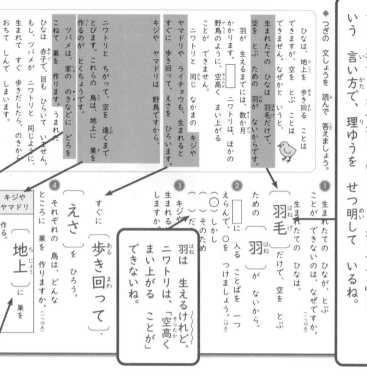

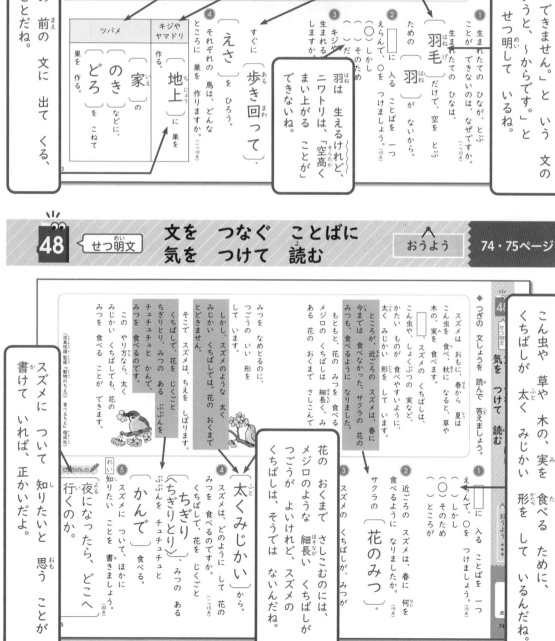

ここまでに　読《よ》んだ
文しょうで、すきな　ものは
あるかな？
同《おな》じ　人が　書《か》いた　本や、
同じ　ものを　せつ明《めい》して
いる　本などを　さがして
よんで　みると、楽《たの》しいよ！

49・50　ものがたり　気もちを　つかむ　きほん　76・77ページ

49　ものがたり　**気もちを　つかむ**

◆つぎの　文しょうを　読《よ》んで　答《こた》えましょう。

〔かいじゅうの　ザブーは、ふるさとの　みずうみから、はなれて　くらして　います。〕

ザブーは、ラジオで　こんな　ニュースを　ききました。
「日本《にほん》の　北《きた》の　ふかい　森の　中の　小さな　みずうみの　水が、赤く　にごって　きました。いったい、どう　したと　いうのでしょう。いじょう　OOK《オーオーケー》。」
ニュースを　おつたえしました。
ザブーは　びっくりして　とびあがりました。
この　小さな　みずうみは、じぶんが　すんで　いた　あの　みずうみに　ちがいないと　おもったからです。
（角野栄子《かどのえいこ》「かえってきた　ネッシーのおむこさん」・『角野栄子の　ちいさなどうわたち4』ポプラ社《しゃ》）

「とびあがりました」と　いう　ことばから　おどろく　気もちが　つたわるね。

とう場《じょう》人ぶつの　気もちに　気を　つけて　読みましょう。

❶ ザブーは、とびあがった　とき、どんな　気もちでしたか。（25点）
〔びっくり〕した。

❷ ザブーは、とびあがった　とき、どう　おもいましたか。（一つ25点）
この　小さな　〔みずうみ〕は、じぶんが　〔すんで〕いた、あの　みずうみに　〔ちがいない〕と　おもった。

点《てん》

76

「〜と　おもったからです」と　いう　言《い》い方《かた》で、ニュースを　きいた　ザブーが、びっくりして　とびあがった　ときに　おもった　ことを　書《か》いて　いるね。

つぎの　日の　あさ、ピカピカの　ランドセルを　せおった　まさやは、げんかんで、やはり　足を　バタバタさせて　いました。まさやは　学校へ　いきたく　ないのです。
いや、学校へは　いきたいのですが、がけの　みちを　とおりたく　ないのです。
「しかたが　ないわねえ、この　子は。じゃ、きょうは　いっしょに　いって　あげるから、あしたから　ひとりで　…のよ。

❶ ようすでしたか。（一つ25点）
ランドセルを　〔せおった〕まま、足を　〔バタバタ〕させて　いた。

❷ まさやは、どんな　気もちでしたか。（一つ25点）
学校へは　〔いきたい〕けれど、がけの　みちを　〔とおりたくない〕。

「まさやは　学校へ　いきたく　ないのです。」と　いう　文も　あるから　気を　つけよう。その　文の　後《あと》の　文を　よく　読《よ》むと、まさやの　気もちが　分《わ》かるね。

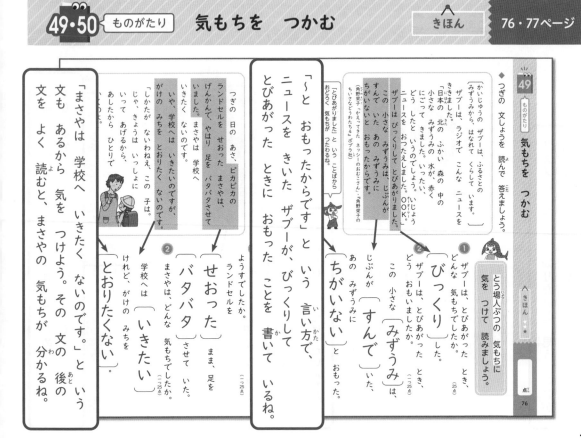

51・52 ものがたり 気もちを　つかむ　きほん　78・79ページ

「ちょっと　かなしく　なりました」と　いう　ことばの　後《あと》の　文を　よく　読《よ》もう。「〜のです。」と　いう　言《い》い方《かた》で「ちょっと　かなしく」なった　わけを　せつ明《めい》して　いるよ。

ある　日の　ことです。
お父《とう》さんと　コロッケやさんに　来《き》た　カバくんは、ちょっと　かなしく　なりました。大すきな　コーンコロッケが、ケースに　なかったのです。
その　とき、
「やあ、カバくん。コーンコロッケ、今《いま》　できた　ところだよ。」
と　言《い》って、店《みせ》の　おじさんが　おくから　出て　きました。
かばくんは、うれしく　なって、
「わあい。コーンコロッケ、くださあい。」
と、大きな　声《こえ》で　言いました。（書《か》き下《お》ろし）

❶ カバくんが、ちょっと　かなしく　なったのは、なぜですか。（一つ30点）
大すきな〔コーンコロッケ〕が、ケースに〔なかった〕から。

「ちょっと　かなしく　なりました」と　いう　ことばを　さがして、その　後《あと》の　文を　よく　読もう。

❷ ——と　言った　とき、カバくんは、どんな　気もちに　なりましたか。（40点）
〔うれしく〕なった。

52 ものがたり 気もちを　つかむ　きほん

点《てん》

◆ つぎの　文しょうを　読《よ》んで　答《こた》えましょう。

「わあい、あんぱんだ！　あんぱんだ！」

ドラゴンは、大よろこびすると、あんぱんを　ひろって　たべようと　して、ふと、おとした　ひとの　ことを　おもいました。

（もどって　きて、なくなって　いたら、がっかりするだろうな）

ドラゴンは、たべるのを　やめると、森から　大きな　はっぱを　とって　きて、はっぱの　おさらに、あんぱんを　のせ、

❶ ——と　言《い》った　とき、ドラゴンは、どんな　気もちでしたか。（40点）
〔大よろこび〕した。

❷ ドラゴンが、あんぱんを　たべるのを　やめたのは、なぜですか。（一つ30点）
あんぱんを〔おとした〕ひとが　もどって　きて、なくなって　いたら、〔がっかりする〕だろうなと、おもったから。

あんぱんを　たべようと　した　ドラゴンは、「ふと、おとした　ひとの　こと」を　おもったね。どんなふうに　おもったかは、（　）の　ぶぶんに　書《か》かれて　いるよ。

53 ものがたり 気もちを　つかむ　れんしゅう　80・81ページ

「さりなは　〜はらっぱへ　でかけました。」と　いう　文の　すぐ　後《あと》の（　）の　ことばが、さりなが　その　とき　おもった　ことだね。

53 ものがたり

◆ つぎの　文しょうを　読《よ》んで　答《こた》えましょう。

さりなは　学校から　かえると、おそるおそる　はらっぱへ　でかけました。

（みおちゃんが　いたら、どう　しよう。）

みおちゃんは、まだ、この　まえ、さりなが　いきなり　かえって　しまった　ことを　おこって　いるようです。

きょうも、学校で、さりなと　顔《かお》を　あわせようと　しませんでしたから。

（みおちゃんが、いないと　いいなあ。）

ところが、はらっぱには、みおちゃんが　いました。

みおちゃんは、ほっぺたを　あかく　しながら、なわとびの　れんしゅうを　して　いました。

みおちゃんは、あれからも　ずっと　学校が　おわると、ここに　きて、ひとりで　なわとびの　れんしゅうを　つづけて　いたようです。

そんな　みおちゃんを　見ると、さりなは、みおちゃんが　いないと　いいなあ、と　おもった　じぶんを　はんせいしました。

「みおちゃん、えらいなあ。だから、はちのじとびが　とべるように　なったんだ。」

（茂市久美子《もいちくみこ》『おひさまやのハンカチ』講談社《こうだんしゃ》）

みおちゃんを　見て、さりなの　気もちが　かわったんだね。

❶ さりなは、どんな　ことを　おもいながら、はらっぱへ　でかけましたか。（一つ15点）
〔みおちゃん〕が　いたら、〔どうしよう〕。

❷ みおちゃんは、学校で、どんな　ようすでしたか。（10点）
さりなと〔顔《かお》をあわせよう〕と　しなかった。

「はらっぱには、みおちゃんが　いました」と　いう　ことばの　後の　文を　よく　読《よ》もう。

して　いましたか。（一つ15点）
ほっぺたを〔あかく〕しながら、〔なわとび〕の　れんしゅうを　して　いた。

❹ みおちゃんの　ようすを　見て、さりなは、どんな　気もちに　なりましたか。（一つ15点）
みおちゃんが〔いないといいなあ〕、と　おもった　じぶんを〔はんせい〕した。

（みおちゃんが、いないと　いいなあ。）と　おもって　いた　さりなは、そう　おもった　じぶんを　はんせいしたね。

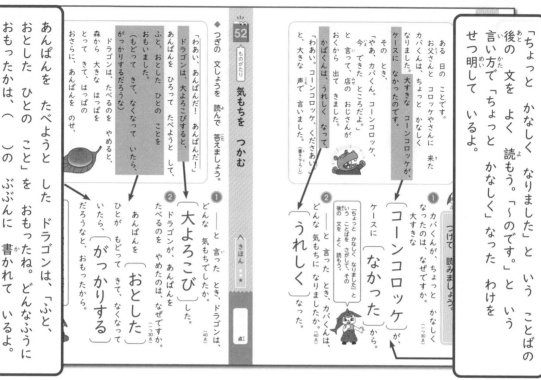

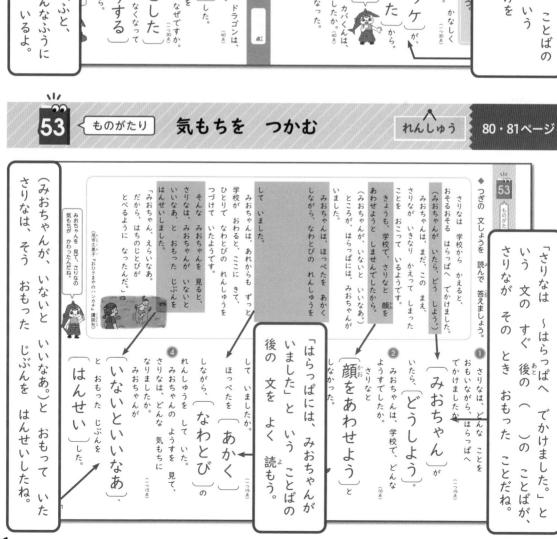

気もちを つかむ

◆つぎの 文しょうを 読《よ》んで 答《こた》えましょう。

どうぶつたちが すむ もみじ山に、すっぱい みが なる 野《の》いちごの 木が 一本 ありました。とても すっぱいので、どうぶつたちは、その みを 食《た》べません。でも、こぐまの ムーだけは、その みが すきでした。

ムーは、おいしい 野いちごを ひとりじめできるので、いつも 大よろこびで 食べて いました。

①ある 日、ムーが 野いちごの 木の ほうに 歩《ある》いて いくと、一ぴきの こざるが、野いちごを 食べて いるのが 見えました。ムーは、

（あの 木は、ぼくだけの 木なのに。）と、はらを 立てました。でも、こざるが あんまり おいしそうに 野いちごを 食べて いるので、

②（あの 子も、あの 野いちごの おいしさが わかるんだ……。）と、思《おも》いました。そして、なんだか 自分《じぶん》が ほめられて いるような、うれしい 気もちに なりました。

（書《か》き下《お》ろし）

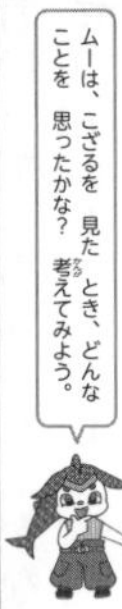

❶ もみじ山には、何《なに》が ありましたか。（一つ10点）

〔すっぱい〕 みが なる 〔野《の》いちご〕の 木。

❷ ムーは、いつも どんな 気もちで、野いちごを 食べて いましたか。（一つ10点）

おいしい 野いちごを 〔ひとりじめ〕できるので、いつも 〔大よろこび〕で

一ぴきの 〔こざる〕が、野いちごを 〔食《た》べて〕 いるのを 見た。

❹ ❸の ようすが 見えた とき、ムーは、どんな 気もちでしたか。一つ えらんで、○を つけましょう。（10点）

（ ）かなしかった。
（ ）びっくりした。
（○）はらを 立てた。

❺ ②——と 思った とき、ムーは、どんな 気もちに なりましたか。（一つ15点）

自分が 〔ほめられて〕 いるような、〔うれしい〕 気もち。

83

ほかの どうぶつたちは、すっぱい 野《の》いちごを 食《た》べないから、ムーは、一人《ひとり》で ぜんぶ 食べる ことが できて、よろこんで いたんだね。

「ぼくだけの 木」だと 考《かんが》えて いた 野いちごを、こざるが 食べて いたから、「はらを 立て」たんだね。

ムーは、こざるが 自分《じぶん》と 同《おな》じように 野いちごを おいしいと 思《おも》って いる ことが 分《わ》かって、うれしく なったんだね。

気もちを つかむ

◆つぎの 文しょうを 読《よ》んで 答《こた》えましょう。

あきよが まり子《こ》に はなしたかったのは、きのうの ばんと、けさと、二ど、あきよが、せの たかさを はかった ことでした。

どうして、そう したかと いうと、いままで あきよが 一年生だった とき、ちょうれいで ならんで いる 二年生を みると、二年生の いちばん 小さい 人でも、あきよより ずっと 大きいのです。だから、あきよは、あきよも 二年生に なると、その くらいに なる はずだ、と おもいこんで いました。

——二年生に なる まえの ばん、わたしが ねてる あいだに、せは、ぐ、ぐうっと のびるんだわ。

あきよは、そう かんがえたのです。

そして、けさ、むねを どきどきさせながら、せの たかさを はかって みると、ざんねん、はしらの しるしは、きのうの ばんと おなじ ところでした。

がっかりした あきよを みて、おかあさんは、わらいながら いいました。

「あきよ。せと いう ものはね、きゅうに のびたりなんか しないのよ。まいにち、まいにち、目に 見えないぐらいずつ、のびて いって、たかく なるものよ。」

（古田足日《ふるたたるひ》『大きい1年生と小さな2年生』偕成社《かいせいしゃ》）

❶ あきよは、まり子に どんな ことを はなしたかったのですか。（一つ10点）

きのうの ばんと、けさと、〔二ど〕、〔せのたかさ〕を はかった こと。

❷ あきよは、どんな ことを おもいこんで いましたか。（一つ15点）

自分《じぶん》も 〔二年生〕に なると、一年生より ずっと 〔大きく〕 なる はずだ、と いう こと。

❸ あきよは、いつ せが のびると かんがえましたか。（一つ10点）

二年生に なる 〔まえのばん〕、自分が 〔ねてる〕 あいだに、ぐ、ぐうっと のびる。

❸ けさ、せの たかさを はかった とき、あきよは、どんな 気もちでしたか。（一つ15点）

せを はかる まえ	を かった と
むねを 〔どきどき〕 させて いた。	〔がっかり〕 した。

「おもいこんで いました」と いう ことばを さがして、その 文を よく 読《よ》もう。「その くらい」とは、一年生の あきよより 「ずっと 大きい」と いう ことだね。

あきよは、「二年生に なる まえの ばん」に せが のびると かんがえて いたから、「けさ」、「むねを どきどき」させて いたのに、「きのうの ばんと おなじ」だったから、「がっかり」したんだね。

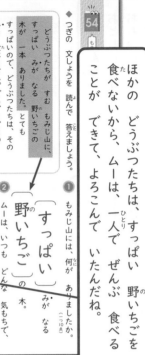

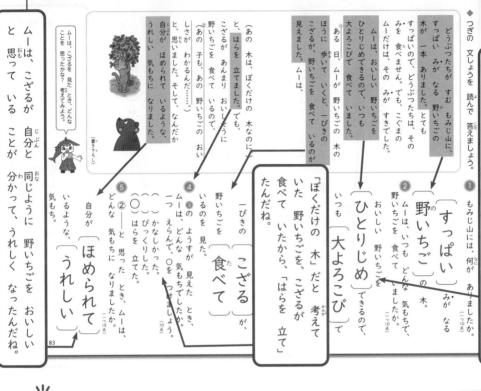

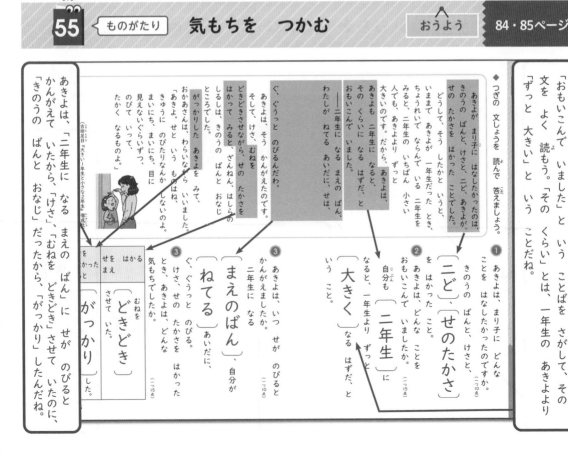

56 ものがたり 気もちを　つかむ　おうよう ★★★

◆つぎの 文しょうを 読《よ》んで 答《こた》えましょう。

〔「ぼく」は、ともだちと、キクちゃんの うちに むかって、歩《ある》いて います。〕

むねが、どきどきして いる。

「オオちゃん、だいじょうぶだよ。きっと、キクちゃん、うん、と いって くれるよ」

ともだちが、ぼくを はげまして くれた。

「でも、いやだって、いうかも しれない」

そう いったら、ぼくの むねは、いっそう どきどきして きた。

キクちゃんの うちに ついた。

ぼくは、おもいきって、よびりんを おした。

キクちゃんが でて きた。

にっこり わらった。すごく かわいい。

ぼくは、どきどきしながら いった。

「こんどの 日曜日《にちようび》、ぼくと いっしょに、ゆうえんち いかない？」

「うん、いいよ」

キクちゃんは いった。

やったあ！

ぼくの むねは、パンパカパーンって なった。

すると、つづいて、キクちゃんが いった。

「わたし、トンちゃん、さそう つもりだったの。じゃ、三人で いこう」
「えーっ」
ぼくは さけんだ。
そんなの ないよ。キクちゃんと ぼく、ふたりだけの つもりだったのに、トンちゃんも いっしょなんて……。

（角野栄子《かどのえいこ》「ゆめのつづき【1月15日】」・『オオくんのかぞく日記《にっき》』ポプラ社《しゃ》）

❶ ――と いった とき、「ぼく」は、どんな 気もちに なりましたか。（10点）
いっそう〔どきどき〕して きた。

❷ 「ぼく」は、キクちゃんに 何《なん》と いいましたか。（一つ15点）
「こんどの〔日曜《にちよう》日《び》〕、ぼくと いっしょに、〔ゆうえんち〕いかない？」

❸ キクちゃんが、「うん、いいよ」と いった とき、「ぼく」は どんな 気もちでしたか。（15点）
むねが、〔パンパカパーン〕って なった。

❹ 「ぼく」が、「そんなの ないよ。」と おもったのは、なぜですか。（一つ15点）
「ぼく」は、キクちゃんと 自分《じぶん》の〔ふたり〕だけの つもりだったのに、キクちゃんが、トンちゃんと〔三人〕で いこうと いったから。

❺ あなたが、むねが「パンパカパーン」と なるくらい、うれしかった ことを、思《おも》い出《だ》して 書《か》きましょう。（15点）
ひょうげん力
れい
〔たん生日に、自《じ》てん車《しゃ》を 買《か》って もらった こと。〕

86　87

3
キクちゃんに「うん、いいよ」と いって もらえた ときの とても うれしい 気もちを、言《い》い方《かた》を かえて あらわして いるよ。

4
「そんなの ないよ。」の 前《まえ》と 後《あと》を よく 読《よ》もう。

5
あなたが とても うれしかった ことを 思《おも》い出《だ》して 書《か》けて いれば 正かいだよ。

れい

・なわとびを、今《いま》までで いちばん 多《おお》く とべた こと。
・学校で、ほかの クラスの 子と いっしょに あそべた こと。

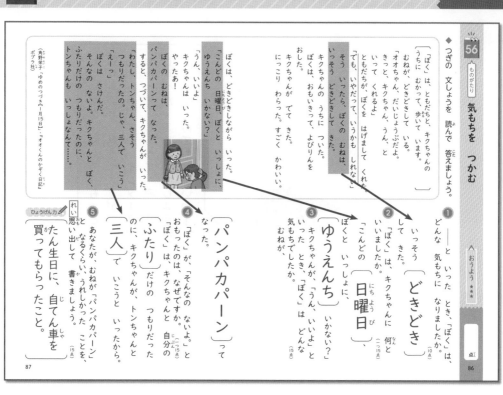

せつ明文《めい》を 読《よ》んで、もっと 知《し》りたいと 思《おも》う ことが あったら、本や インターネットを つかって しらべて みよう！ しらべた ことを 文しょうに まとめて みても いいね！

57・58 せつ明文《めい》 くらべて 読《よ》む

きほん　88・89ページ

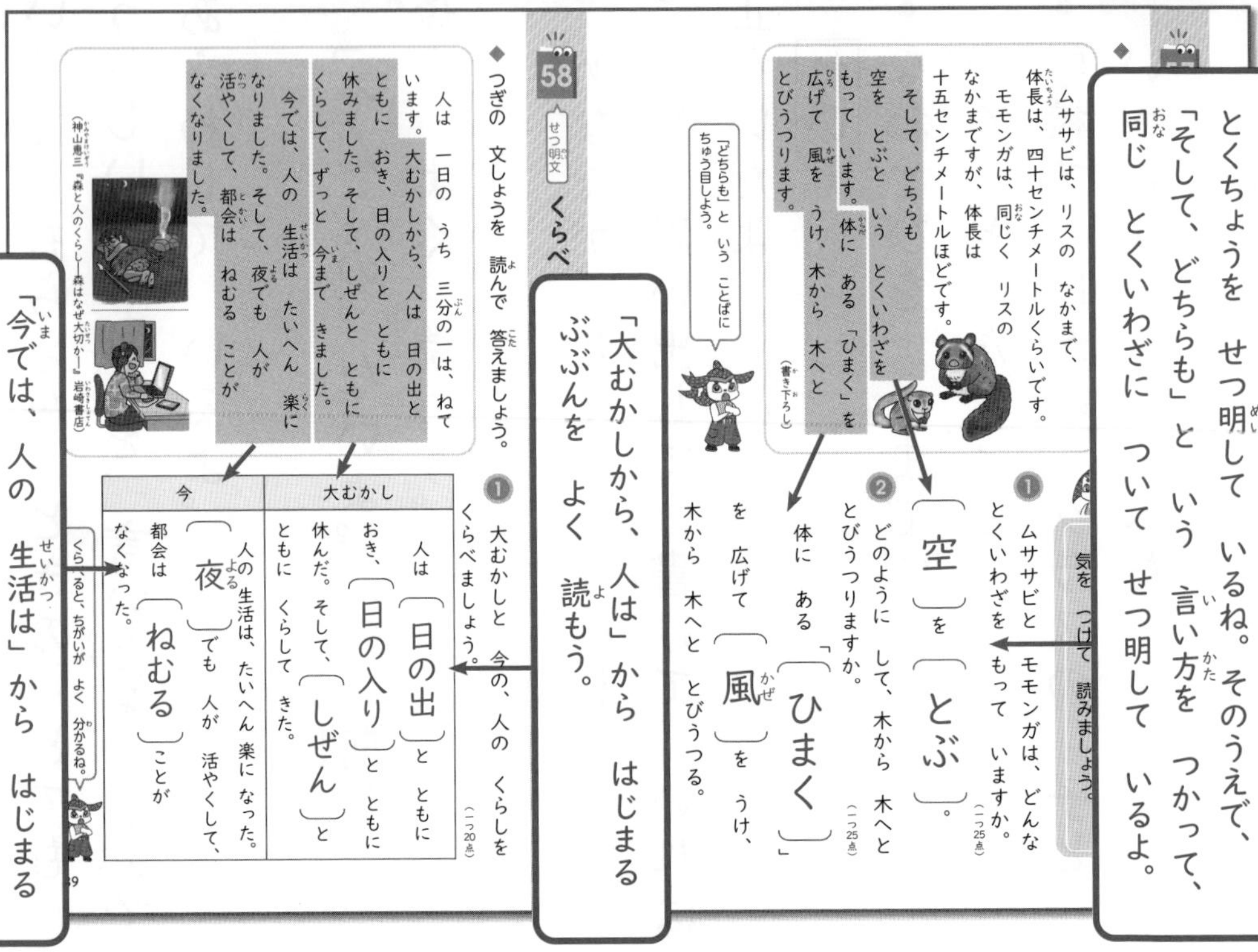

◆ ムササビは、リスの なかまで、体長《たいちょう》は、四十センチメートルくらいです。モモンガは、同《おな》じく リスの なかまですが、体長は 十五センチメートルほどです。
そして、どちらも 空を とぶと いう とくいわざを もって います。体《からだ》に ある 「ひまく」を 広《ひろ》げて 風《かぜ》を うけ、木から 木へと とびうつります。
（書《か》き下《お》ろし）

気を つけて 読みましょう。

❶ ムササビと モモンガは、どんな とくいわざを もって いますか。（一つ25点）
（空）を （とぶ）。

❷ どのように して、木から 木へと とびうつりますか。（一つ25点）
体に ある 「（ひまく）」を 広げて （風《かぜ》）を うけ、木から 木へと とびうつる。

58 せつ明《めい》文 くらべ

◆ つぎの 文しょうを 読《よ》んで 答《こた》えましょう。

人は 一日の うち 三分《ぶん》の一は、ねて います。大むかしから、人は 日の出と ともに おき、日の入りと ともに 休みました。そして、しぜんと ともに くらして、ずっと 今《いま》まで きました。
今では、人の 生活《せいかつ》は たいへん 楽《らく》に なりました。そして、夜《よる》でも 人が 活《かつ》やくして、都会《とかい》は ねむる ことが なくなりました。
（神山恵三《かみやまけいぞう》『森と人のくらし——森はなぜ大切《たいせつ》か——』岩崎書店《いわさきしょてん》）

❶ 大むかしと 今の、人の くらしを くらべましょう。（一つ20点）

大むかし	今
人は （日の出）と ともに おき、（日の入り）と ともに 休んだ。そして、（しぜん）と ともに くらして きた。	人の 生活は、たいへん 楽に なった。（夜《よる》）でも 人が 活やくして、都会は （ねむる） ことが なくなった。

前《まえ》の ぶぶんで、ムササビと モモンガ それぞれの とくちょうを せつ明《めい》して いるね。そのうえで、「そして、どちらも」と いう 言《い》い方《かた》を つかって、同《おな》じ とくいわざに ついて せつ明して いるよ。

「大むかしから、人は」から はじまる ぶぶんを よく 読《よ》もう。

「今《いま》では、人の 生活《せいかつ》は」から はじまる ぶぶんを よく 読もう。

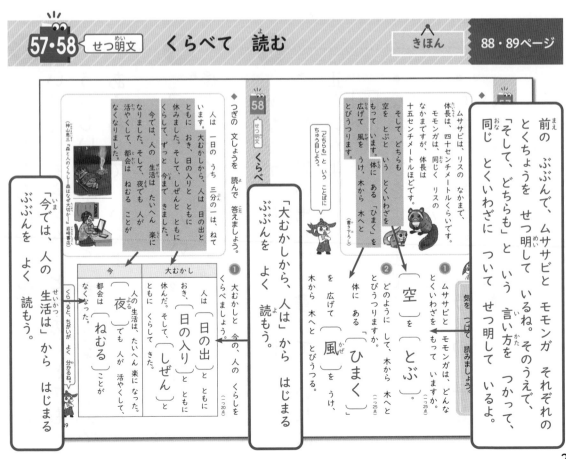

59・60 せつ明《めい》文 くらべて 読《よ》む きほん 90・91ページ

59 せつ明文 くらべて 読む

◆つぎの 文しょうを 読《よ》んで 答《こた》えましょう。

ゾウや バクの はなは、上くちびると 合わさって、長《なが》く のびて います。
ゾウは、長い はなで 水を すい上げたり、はな先で 小さな ものを つまんだり できます。
いっぽう、バクの はなは、ゾウほど 長くは ありません。でも、のびたり ちぢんだりは します。木の えだを 引《ひ》きよせたり、においを かぐ ときに、にゅっと のばしたり します。

（書《か》き下《お》ろし）

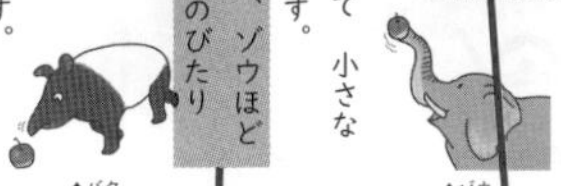

① ゾウや バクの はなは、どのように なって いますか。（一つ30点）

〔上くちびる〕と 合わさって、長く 〔のびて〕 いる。

② バクの はなには、どんな とくちょうが ありますか。（一つ20点）

・ゾウほど 〔長《なが》く〕 ない。
・のびたり 〔ちぢんだり〕 する。

「いっぽう、バクの はなは」から はじまる、バクの はなの せつ明を よく 読もう。

90

はじめに、ゾウの はなと バクの はなの 同《おな》じ とくちょうを せつ明《めい》して いるよ。

60 せつ明文 くらべて

◆つぎの 文しょうを 読《よ》んで

キャベツと ブロッコリーは、形《かたち》は にて いませんが、同《おな》じ「アブラナ科《か》」と いう グループの やさいです。
キャベツは、はを 食《た》べる やさいで、ブロッコリーは、花の つぼみや、くきの ぶぶんを 食べる やさいです。
キャベツは、生《なま》の まま 食べる ことも よく ありますが、ブロッコリーは、あまり、生では 食べません。ゆでるなど、ねつを くわえて 食べる ことが 多いです。

（書《か》き下《お》ろし）

ちがう ところを まとめましょう。（一つ25点）

	キャベツ	ブロッコリー
食べる ところ	〔は〕	〔花のつぼみ〕 くき
食《た》べ方《かた》	〔生〕の まま 食べる ことも よく ある。	ゆでるなど、〔ねつ〕を くわえて 食べる ことが 多い。

「キャベツは」「ブロッコリーは」と いう ことばに 気を つけて 文しょうを 読もう。

91

「〇〇を 食《た》べる やさい」と いう 言《い》い方《かた》で、食べる ところを せつ明して いるね。

61 せつ明《めい》文 くらべて 読《よ》む れんしゅう 92・93ページ

61 せつ明文 くらべて 読む

◆つぎの 文しょうを 読《よ》んで 答《こた》えましょう。

食器《しょっき》は いろいろな もので できて いますね。いちばん ふつうに あるのは とうきの*1 食きです。とうきは コンクリートや ガラスの なかまです。そう いえば、ガラスの 食きも ありますね。とうきや ガラスの 食きは、かたいのですが、おとすと われて しまいます。
木で つくった 食きも ありますね。みそしるなどを 入れる おわんが そうです。木の 食きは、とうきや ガラスの 食きほどは われやすく ありません。もうひとつ、プラスチックで できた 食きが あります。プラスチックの 食きは かるくて われにくいので、大ぜいの 人が つかう 食どうの 食きとか、赤ちゃんの ための 食きに、よく つかわれて います。
こうして 見て くると、かたい ものには 二通《とお》り ある ことが わかります。かたくて われにくい ものと、かたくても われやすい、もろい*2 ものとです。

（井上祥平『かたいもの やわらかいもの』岩波書店）

*1とうき…ねん土などで 形を つくり、かまで やいた もの。
*2もろい…こわれやすい。

▲とうきの 食き

▲木の 食き

▲プラスチックの 食き

① とうきや ガラスの 食きには、どんな とくちょうが ありますか。（一つ15点）

〔かたい〕けれど、おとすと 〔われて〕 しまう。

② 木の 食きには、どんな とくちょうが ありますか。（10点）

とうきや ガラスの 食きほどは 〔われやすくない〈われやすくありません〉〕。

③ プラスチックの 食きが、

〔かるく〕て 〔われにくい〕から。

「〜ので」と いう 言《い》い方で、理《り》ゆうを せつ明して いるよ。

④ かたい ものには、どのような ものが あると わかりますか。（一つ15点）

かたくて 〔われにくい〕 ものと、かたくても 〔われやすい〕、もろい もの。

92 93

「木の 食《しょっ》き」の とくちょうを、「とうきや ガラスの 食き」と くらべる 言《い》い方《かた》で、せつ明《めい》して いるよ。

――の すぐ 前《まえ》に、「〜ので」と あるから、この ぶぶんに、理《り》ゆうが 書《か》かれて いると 分《わ》かるね。

「かたい ものには 二通《とお》り ある」と まとめた 後《あと》に、それを くわしく せつ明して いるよ。

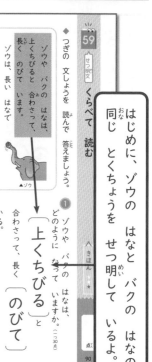

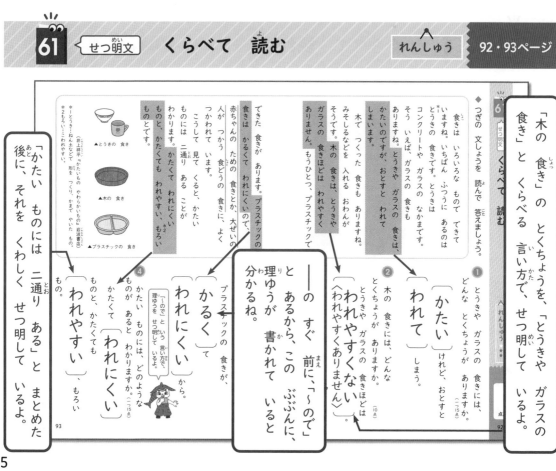

62 せつ明《めい》文 くらべて 読《よ》む

れんしゅう 94・95ページ

◆ つぎの 文しょうを 読《よ》んで 答《こた》えましょう。

ものが もえる とき、立ちのぼる ものを「けむり」と いいます。
また、おゆを わかした ときに、立ちのぼる ものを「ゆげ」と いいます。
けむりと ゆげは、にて いるように 見えますが、どう ちがうのでしょうか。
けむりとは、ものが もえる ときに 出される、小さな つぶを ふくんだ 空気を いいます。この 小さな つぶは、ものを もやすのに ひつような「さんそ」が 足りないと たくさん 出ます。もえる ものに よって けむりの 色《いろ》も、はい色、黒色《くろいろ》、白色と さまざまです。

ゆげは、水が ふっとうした ときに 出ます。
でも、さいしょから ゆげが 出る わけでは ありません。まず「水じょう気」が 出ます。
水じょう気は たいへん 小さな 水の つぶなので、目で 見る ことは できません。
しかし、ひやされると もとの 水の すがたに もどります。ゆげは 水じょう気が ひやされた ものです。だから、目に 見えるのです。

（森本信也《もりもとしんや》 監修《かんしゅう》『なぜ?どうして?科学《かがく》のぎもん2年生』Gakken）

❶ けむりと ゆげは、それぞれ どんな ときに 立ちのぼる ものですか。（一つ15点）

けむり	ゆげ
（ものがもえる）とき。	〈おゆをわかした〉〈水がふっとうした〉とき。

❷ ものが（もえる）ときに 出される、小さな（つぶ）を ふくんだ（空気）。（10点）

❸ 水が ふっとうした とき、まず 何《なに》が 出ますか。（10点）
（水じょう気）

❹ ゆげとは、どんな ものですか。（一つ15点）
（水じょう気）が（ひやされた）もの。

「～立ちのぼる ものを『○○』と いいます」と いう ことばを さがして、それぞれの 文を よく 読《よ》もう。

「けむりとは、～を いいます。」と いう 言《い》い方《かた》で、けむりに ついて せつ明《めい》して いるよ。

「さいしょから ゆげが 出る わけでは ありません」と ある ことに 気を つけよう。

95

63 せつ明《めい》文 くらべて 読《よ》む

おうよう 96・97ページ

◆ つぎの 文しょうを 読《よ》んで 答《こた》えましょう。

どんぐりが たくさん たくさん なりました。
いろいろな 形《かたち》が あります。じゅくした どんぐりは 親木《おやぎ》の ねもとに おちました。
どうぶつたちが あつまって どんぐりを ひろいます。
（中りゃく）
どんぐりを ひろって 食《た》べるだけでなく、どこかへ はこんで いきます。何《なに》を するのでしょう。
えぞりすが あちこちに どんぐりや くるみを たくわえました。木の あな、木の ねもと、土の 中、などです。

しまりすも どんぐりを ひろいました。かわを むいて すあなに たくさん たくわえました。あまった どんぐりは、近《ちか》くの 地《じ》めんに かわの ついた まま 少《すこ》しずつ あさく うめました。
みやまかけすも くちばしに どんぐりを くわえて とんで いきました。そして、小さな がけに うめました。
えぞあかねずみも どんぐりを ひろいました。雪《ゆき》が ふる 前《まえ》に、すあなに くるみと いっしょに どっさり かくして しまいました。すあなに 入りきれなかった 分《ぶん》は やはり 地めんに あさく うめました。
そうです。冬《ふゆ》に なると 食《た》べる ものが なくなるので みんな 秋《あき》の 間《あいだ》に えさを ためて いるのです。

（こうやすすむ『どんぐり』福音館書店《ふくいんかんしょてん》）

❶ どうぶつたちは、ひろった どんぐりを どう しましたか。（一つ12点）

えぞりす	しまりす		みやまかけす	えぞあかねずみ
・木の あな、木の ねもと、（土）の 中、などに たくわえた。	・かわを むいて（すあな）に たくわえた。 ・あまった どんぐりは、近くの（地めん）に 少しずつ あさく うめた。		・小さな（がけ）に うめた。	・（くるみ）と いっしょに、すあなに どっさり かくした。 ・入りきれなかった 分は 地めんに あさく（うめた）。

❷ どうぶつたちが ❶のように するのは なぜですか。（一つ14点）
（冬《ふゆ》）に なると 食べる ものが（なくなる）から。

「えぞりす」「しまりす」「みやまかけす」「えぞあかねずみ」に ついて、それぞれ 読《よ》みとろう。

文しょうの さいごを よく 読もう。

97

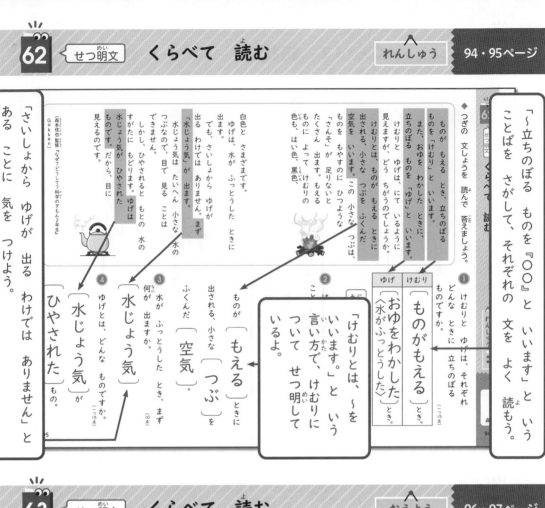

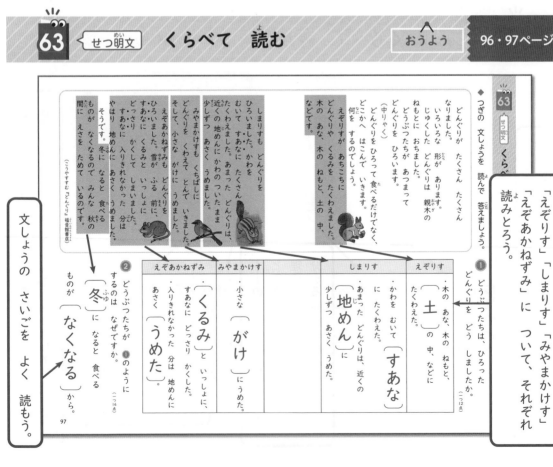

◆ つぎの 文しょうを 読《よ》んで 答《こた》えましょう。

バイカルアザラシは、さい大時《じ》＊1そく 二十五キロメートルで およぐと いわれ、二百メートルくらいの ふかさまで もぐり、しかも 二十五分《ふん》ほど 水中に いる ことが できる。

これは アザラシと しては、ふつうだ。

ただ、つめは、ほかの アザラシより、体《からだ》に くらべ 大きく じょうぶに できて いる。こおりの 上で くらす ためには、とても べんりだ。

そして、北《ほっ》きょく近《ちか》くに すむ 多《おお》くの アザラシは、りゅうひょうに のって 遠《とお》くまで たびを するが、バイカルアザラシは、バイカル湖《こ》＊2の あたりだけで くらして いる。

このように アザラシの なかまとしては、たん水＊3に すみ、たびを しないなど、めずらしい とくちょうを もって いるけれど、なんと いっても かわって いるのは、やはり 大きすぎる 目玉だ。

ところで、ほかに 大きな 目玉を もつ どうぶつは、いないのだろうか。

バイカルアザラシほどでは ないけれど、大きな 目玉の もちぬしとして 知《し》られて いるのが、メガネザルの なかまだ。

▲バイカルアザラシ

（山本省三《やまもとしょうぞう》『動物《どうぶつ》ふしぎ発見《はっけん》 すごい目玉をもったアザラシがいる！』くもん出版《しゅっぱん》）

＊1時そく…一時間《じかん》に すすむ きょりで あらわす はやさ。
＊2バイカル湖…ロシアに ある みずうみ。
＊3たん水…川や みずうみの 水など、しおけの ない 水。

❶ バイカルアザラシの つめには、どんな とくちょうが ありますか。（15点）

ほかの アザラシより、体に くらべ〔大きくじょうぶ〕に できて いる。

❷ アザラシは、どのような 場《ば》しょで くらして いますか。（一つ15点）

北きょく近くに すむ 多くの アザラシ	バイカル アザラシ
〔りゅうひょう〕に のって 遠くまで〔たび〕を する。	〔バイカル湖《こ》〕の あたりだけで くらして いる。

❸ バイカルアザラシが アザラシの なかまと して、とくに かわって いるのは、どこですか。（10点）

大きすぎる〔目玉〕。

❹ 大きな 目玉を もつ どうぶつには、ほかに どんな ものが いますか。（15点）

〔メガネザル〕の なかま。

❺ 目玉が 大きいと、どのような よい ことが あると 思《おも》いますか。あなたの 考《かん》えを 書《か》きましょう。（15点）

ひょうげん力

れい 〔よこや上下の見える ところが広《ひろ》い。〕

❶ 「つめ」と いう ことばが ある 文を さがして よく 読《よ》もう。「ほかの アザラシ」と くらべる 言《い》い方《かた》で、せつ明《めい》して いるね。

❸ バイカルアザラシの めずらしい とくちょうを いくつか せつ明して いるね。その うえで、「なんと いっても かわって いるのは」と いう 言い方で、とくに かわって いる ところを せつ明して いるよ。

❺ どうぶつが 生きて いく うえで、目玉が 大きいと どんな よい ことが あるか、あなたの 考《かん》えが 書《か》けて いれば 正かいだよ。

れい
・てきを すぐ 見つける ことが できる。

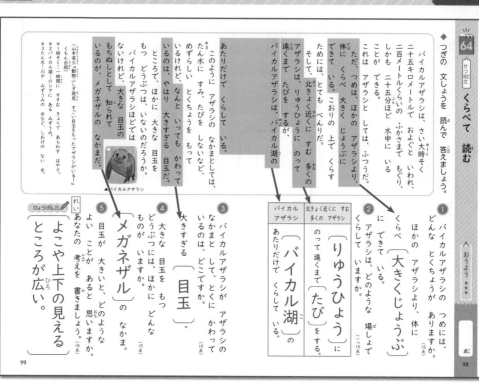

65・66 せつ明文《めい》 だいじな ことを つかむ きほん 100・101ページ

「目が 顔《かお》の まん中に ならんで いる。これは、〜」と いう 言《い》い方《かた》で、つづけて せつ明《めい》して いるよ。

65 せつ明文《めい》 だいじな ことを つかむ

◆つぎの 文しょうを 読《よ》んで 答《こた》えましょう。

ライオンや トラなど、ほかの 生きものを おそって 食《た》べる どうぶつは、目が 顔《かお》の まん中に ならんで いる。これは、目の 前《まえ》に ある ものが よく 見え、それが どのくらい はなれて いるのか、はかりやすい。つまり、えさの どうぶつを つかまえるのに つごうが よい。

（山本省三《やまもとしょうぞう》『動物《どうぶつ》ふしぎ発見《はっけん》 すごい目玉をもったアザラシがいる！』くもん出版《しゅっぱん》）

「つまり」と いう ことばに ちゅう目。だいじな ことが まとめられて いるよ。

きほん

だいじな ことばや 文に 気を つけて 読みましょう。

❶ 目が 顔の まん中に ならんで いると、どんな よい ことが ありますか。（一つ25点）

〔目の前《まえ》〕に ある ものが よく 見え、それが どのくらい 〔はなれて〕 いるのか、はかりやすい。

❷ ❶の ことは、どんな ことを するのに つごうが よいのですか。（一つ25点）

〔えさ〕の どうぶつを 〔つかまえる〕こと。

――が ある 文の 後《あと》の 文に、「そんな ときに、レッカー車が〜」と あるよ。この 文を よく 読《よ》もう。

66 せつ明文《めい》 だいじな

◆つぎの 文しょうを 読《よ》ん

自《じ》どう車《しゃ》が、きゅうな こしょうなどで うごけなく なった とき、その ままでは 交通《こうつう》じこや 道《どう》ろの ＊じゅうたいの 原《げん》いんに なって しまいます。

そんな ときに、レッカー車が かけつけて、うごけなく なった 自どう車を、あんぜんな 場《ば》しょへ はこびます。

レッカー車は、じこや じゅうたいを ふせいで、道ろの あんぜんを まもって いるのです。

（書《か》き下《お》ろし）

▲レッカー車

❶ うごけなく なった 〔自《じ》どう車《しゃ》〕を あんぜんな 場しょへ 〔〈はこぶ〉〈はこびます〉〕。

❷ レッカー車には、どんな やくわりが あるのですか。（一つ25点）

じこや じゅうたいを 〔ふせいで〕、道ろの 〔あんぜん〕を

さいごの 文を よく 読もう。

レッカー車が、どんな ときに、どんな ことを するかを せつ明した うえで、さいごの 文で、やくわりを せつ明して いるね。

67・68 せつ明文《めい》 だいじな ことを つかむ きほん 102・103ページ

まず、「なぜ、頭《あたま》の てっぺんに〜あるのだろう。」と といかけて いる 文を 見つけよう。その すぐ 後《あと》の 文で、理《り》ゆうを せつ明《めい》して いるね。

◆つぎの 文しょうを 読《よ》んで 答《こた》えましょう。

頭《あたま》の てっぺんに はなが あるのは、クジラの なかまだ。

あの クジラの しおふきは、はなの あなで いきを して いる あかしなんだ。

では、なぜ、頭の てっぺんに はなが あるのだろう。それは 海《うみ》を およぎながら いきを するのに、つごうが いいからだ。

長《なが》い 年月を かけて、その 場《ば》しょで 生活《せいかつ》しやすいように 体《からだ》の 形《かたち》が かわり、はなの いちも うつったと いう わけだ。

（山本省三《やまもとしょうぞう》『動物《どうぶつ》ふしぎ発見《はっけん》 ゾウの長い鼻《はな》には、おどろきのわけがある！』くもん出版《しゅっぱん》）

「なぜ、〜だろう」と といかける 文と 「それは 〜からだ」と、理《り》ゆうを せつ明《めい》する 文に ちゅう目。

だいじな ことを まとめて いる ぶぶんに ちゅう目しましょう。

❶ クジラの 頭の てっぺんに はなが あるのは なぜですか。（一つ25点）

海を 〔およぎ〕ながら 〔いき〕を するのに、つごうが いいから。

❷ どのように して、クジラの はなの いちが うつったのですか。（一つ25点）

長い 年月を かけて、その 〔場《ば》しょ〕で 〔生活《せいかつ》しやすい〕ように 体の 形が かわり、はなの いちも うつった。

「この とき」とは、その 前《まえ》の ぶぶんで せつ明して いる、花に こん虫が やって きた ときの ことだね。

68 せつ明文《めい》

◆つぎの 文し

しょくぶつが 花を さかせると、チョウや ハチなどの こん虫が やって きます。花の みつを すったり、花《か》ふんを あつめたり する ためです。

この とき、おしべの 花ふんが こん虫の 体《からだ》に つきます。こん虫が 花ふんを つけた まま、同《おな》じ しゅるいの 花に 行《い》くと、花ふんが めしべに つきます。こうして しょくぶつは、こん虫に ＊じゅふんの 手だすけを して もらいます。

❶ おしべの 花ふんが こん虫の 〔体《からだ》〕に つく。（一つ30点）

→ こん虫が その まま 同じ しゅるいの 花に 行く。

→ 花ふんが 〔めしべ〕に つく。

❷ しょくぶつは、こん虫に どのような ことを して もらって いるのですか。（40点）

〔じゅふん〕の 手だすけ。

こん虫が 花に やって きた とき、花《か》ふんが どう なるかを くわしく せつ明した うえで、さいごの 文で 内《ない》ようを まとめて いるよ。

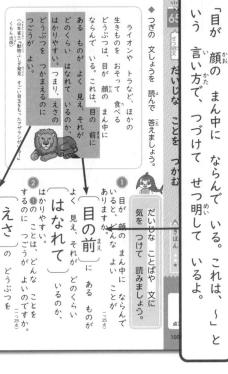

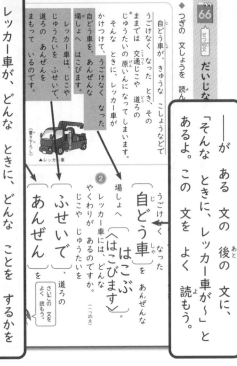

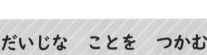

69 せつ明文《めい》 だいじな　ことを　つかむ　れんしゅう　104・105ページ

まず、「夏《なつ》の　きせつを　大切《たいせつ》に　すごします」と　いう　ことばを　見つけて、その　近《ちか》くを　よく　読《よ》もう。

◆つぎの　文しょうを　読《よ》んで　答《こた》えましょう。

北海道《ほっかいどう》に　すむ　えぞしかは　夏《なつ》の　きせつを　大切《たいせつ》に　すごします。

たくさんの　草を　食《た》べ　体《からだ》に　しぼうを　たくわえなければ　きびしい　長《なが》い　冬《ふゆ》を　すごせないからです。春《はる》に　生まれた　子どもも　一生けんめい　食べて　います。

冬が　近《ちか》づくと　体の　毛《け》が　冬毛《ふゆげ》に　かわって　いきます。もう　すぐ　雪《ゆき》が　ふります。冬を　すごす　ために　風《かぜ》の　当《あ》たらない　場《ば》しょに　あつまって　きました。

雪が　ふりました。えぞしかには　長い　つらい　きせつの　はじまりです。

草の　ない　冬には　えぞしかは　ささや　木の　えだ先　木の　かわを　はがして　食べます。

雪が　つもって　ふかく　なると　雪の　少《すく》ない　土地《とち》へと　いどうします。いくつかの　むれを　作《つく》り　たくましい　おすが　その　先頭《せんとう》を　歩《ある》きます。

（手島圭三郎《てじまけいざぶろう》『えぞしかのたび』リブリオ出版《しゅっぱん》）

「～からです」と　いう　言《い》い方《かた》は　理《り》ゆうを　せつめいして　いるよ。

❶ えぞしかが　夏の　きせつを　大切に　すごすのは　なぜですか。（一つ10点）

たくさんの〔草〕を　食べ　体に〔しぼう〕を　たくわえなければ　きびしい　長い〔冬《ふゆ》〕を　すごせないから。

❷ 冬が　近づくと、えぞしかは、どんな　場しょに　あつまって　きますか。（一つ5点）

〔風《かぜ》〕の〔当《あ》たらない〕場しょ。

❸ えぞしかは、草の　ない　冬に、どんな　ものを　食べますか。（一つ10点）

〔ささ〕や　木の〔えだ先〕木の〔かわ〕を　はがして　食べる。

❹ 雪が　つもって　ふかく　なると、えぞしかは、どこへ、どのように　いどうしますか。（一つ10点）

・どこへ…〔雪《ゆき》の少《すく》ない〕土地。

・どのように…いくつかの〔むれ〕を　作り、〔たくましいおす〕が

まず、「いどうします」と　いう　ことばを　さがして、その　近くを　よく　読み、「どこへ」「どのように」が　分《わ》かる　ことばを　見つけよう。

70 せつ明文《めい》 だいじな　ことを　つかむ　れんしゅう　106・107ページ

「せいしつが　あり」と　いう　前《まえ》を　よく　読《よ》もう。ことばを　さがして、その

◆つぎの　文しょうを　読《よ》んで　答《こた》えましょう。

アサガオは　つるしょくぶつで、細《ほそ》くて　長《なが》い　くきだけでは、体《からだ》を　ささえる　ことが　できません。その　かわり、くきは　ものに　まきつく　せいしつ*1が　あり、それを　ささえに　生長《せいちょう》します。

アサガオの　つるの　先を、じっくり　かんさつして　いると、目には　見えませんが、ゆっくり　うごいて　いる　ことに　気が　つきます。

つるは、まるで　首《くび》を　ふるように、左まわりに　回《かい》てんして　いきます。一回《いっかい》まわるのに、一時間《じかん》あまり　かかります。

アサガオの　つるは、ゆっくりと　回てんしながら、と中で　ものに　ふれると、こんどは　すばやく　それに　まきついて　いきます。

アサガオの　つる、つまり　くきは、いったん　ぼうなどに　まきつくと、あとは　ぼうを　中心《ちゅうしん》に、上から　見て　左まきの　らせん*2を　えがきながら、上へ　のびて　いきます。

この　まき上がりうんどうは、二つの　うんどうが　組《く》み合《あ》わさった　ものです。その　一つは、くきが　ぼうに　ふれると、ふれた　はんたいがわが　より　多《おお》く　生長する、まきつきうんどうです。もう　一つは、くきが　上へ　のびようと　する　うんどうです。

（清水清《しみずきよし》『植物《しょくぶつ》は動《うご》いている』あかね書房《しょぼう》）

*1せいしつ…その　ものが　もともと　もって　いる　とくちょう。
*2らせん…ぐるぐる　まいて　いる　形《かたち》。うずまき。

❶ アサガオの　くきには、どんな　せいしつが　ありますか。（12点）

ものに〔まきつく〕せいしつ。

❷ アサガオの　つるは、どんなふうに　うごいて　いますか。（一つ10点）

まるで〔首《くび》をふる〕ように、〔左まわり〕に　回てんして　いく。

❸ ぼうに　まきついた　つるは、その　後《あと》　どう　なりますか。（一つ10点）

ぼうを　中心に、上から　見て〔左まき〕の　らせんを　えがきながら、上へ〔のびて〕いく。

❹ 「二つの　うんどう」とは、どのような　ものですか。（一つ12点）

・くきが　ぼうに　ふれると、ふれた〔はんたいがわ〕が　より　多く　生長する〔まきつき〕うんどう。

・くきが〔上〕へ〔のびよう〕と　する　うんどう。

アサガオの　つるの　うごき方《かた》を　くわしく　せつ明《めい》した　うえで、それが　どのような　うんどうが　組《く》み合《あ》わさった　ものなのかを、まとめて　せつ明して　いるよ。

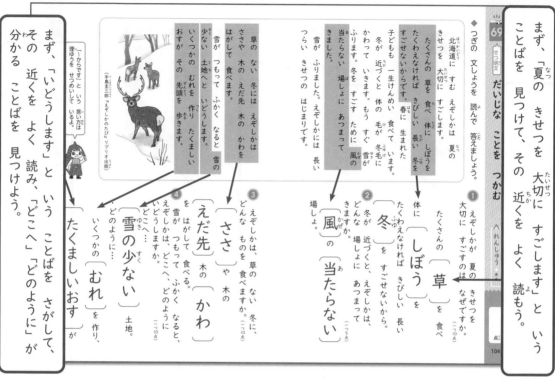

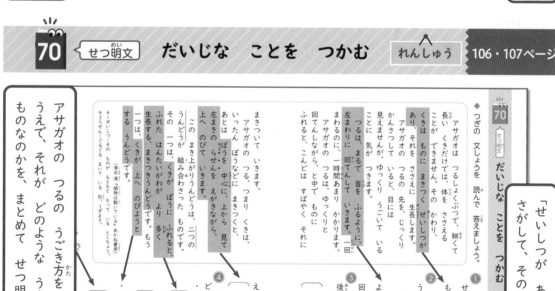

71 せつ明文《めい》 だいじな ことを つかむ おうよう 108・109ページ

◆ つぎの 文しょうを 読《よ》んで 答《こた》えましょう。

鳥《とり》が、たまごを うみ、それを ひなに かえすには、何日《なんにち》も かかります。その 間《あいだ》 親鳥《おやどり》は、外《がい》てきから たまごを まもる ために、いろいろな くふうを して います。

ぬまや 池《いけ》に すむ カイツブリは、水草を あつめて 水めんに ういた 巣《す》を 作《つく》ります。ですから、雨で 水かさが ふえても、日でりで 水かさが へっても へいきです。また、水草の かたまりですから、てきに 見つかる 心《しん》ぱいも ありません。親鳥が、巣から はなれる ときは、たまごの 上に 水草を かぶせて いきます。

コウノトリや カワウは、高《たか》い 木の 上に 巣を 作り、てきの 近《ちか》づくのを ふせぎます。

高山《こうざん》に すむ ライチョウは、ハイマツの 中に 巣を 作りますが、巣を かれ草で 分《わ》からなく して、てきの 目を *あざむきます。

川原《かわら》に すむ コアジサシは、石ころと 見《み》分けの つかないような たまごを、小石の 上に うみます。

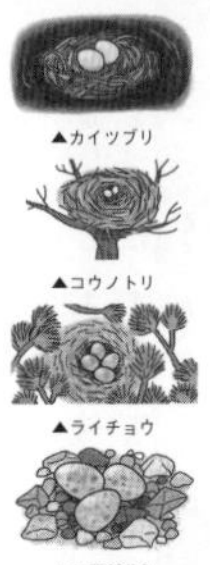

▲カイツブリ ▲コウノトリ ▲ライチョウ ▲コアジサシ

（清水《しみず》 清《きよし》『たまごのひみつ』あかね書房《しょぼう》）

*あざむく…だます。

❶ 上の 文しょうは、どんな くふうに ついて せつ明《めい》して いますか。(15点)

親鳥が 外てきから （たまごをまもる） ための くふう。

❷ カイツブリは どんな 巣を 作りますか。(一つ15点)

（水草）を あつめて 水めんに （ういた） 巣を 作る。

❸ コウノトリや カワウは、どこに 巣を 作りますか。

（高《たか》い木の上）

❹ ライチョウや コアジサシは、どのような くふうを して、たまごを まもりますか。(一つ10点)

高山に すむ ライチョウ	川原に すむ コアジサシ
巣を （かれ草）で 分からなく して、（てき）の 目を あざむく。	（石ころ）と 見分けの つかないような たまごを、（小石）の 上に うむ。

「くふう」と いう ことばを さがして、その 文を よく 読《よ》もう。何《なに》に ついて せつ明《めい》して いる 文しょうかを、はじめに つたえて いるよ。

文しょうの 中に 出て くる 鳥《とり》の 名前《なまえ》や、「巣《す》」と いう ことばに 気を つけて 読みとろう。

たまごが ある ことが、分《わ》からないように して いるんだね。

72 せつ明文《めい》 だいじな ことを つかむ おうよう 110・111ページ

◆ つぎの 文しょうを 読《よ》んで 答《こた》えましょう。

おにごっこには、さまざまな あそび方《かた》が あります。どんな あそび方が あるのでしょう。なぜ、そのような あそび方を するのでしょう。

あそび方の 一つに、「てつぼうより むこうに にげては だめ。」など、にげては いけない ところを きめる ものが あります。にげる 人が、どこへでも 行《い》く ことが できたら、おには、つかまえるのが たいへんです。同《おな》じ 人が、ずっと、おにを する ことに なるかも しれません。にげては いけない ところを きめる ことで、おには、にげる 人を つかまえやすく なります。

また、「地《じ》めんに かいた 丸《まる》の 中に いれば、つかまらない。」「木に さわって いれば、つかまらない。」のように、にげる 人だけが 入れる ところを 作《つく》ったり、つかまらない ときを きめたり する あそび方も あります。おにに なった 人の 足が はやければ、にげる 人は みんな、すぐに つかまって しまいます。このように きめる ことで、にげる 人が かんたんには つかまらないように なります。

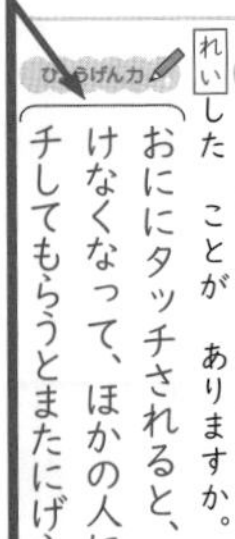

（令和《れいわ》2年度版《ねんどばん》 光村図書《みつむらとしょ》『こくご』二下 赤とんぼ』84～86ページより「おにごっこ」もりしたはるみ）

❶ おにごっこの あそび方の 一つに、どのような ものが ありますか。(10点)

（にげてはいけない） ところを きめる もの。

❷ ❶の あそび方を すると、おには どう なりますか。(一つ10点)

（にげる） 人を （つかまえやすく） なる。

❸ ❶の ほかに どのような あそび方が ありますか。(一つ15点)

（にげる） 人だけが 入れる ところを 作ったり、（つかまらない） ときを きめたり する あそび方。

❹ ❸のように きめると、どう なりますか。(一つ10点)

（にげる） 人が かんたんには （つかまらない） ように なる。

❺ ひろげん力 どんな あそび方で おにごっこを した ことが ありますか。(20点)

れい （おにに タッチされると、うごけなくなって、ほかの 人に タッチしてもらうと またにげられる。）

「あそび方《かた》の 一つに、」から はじまる 文を よく 読《よ》もう。

した ことが ある おにごっこの あそび方が 書《か》けて いれば 正かいだよ。

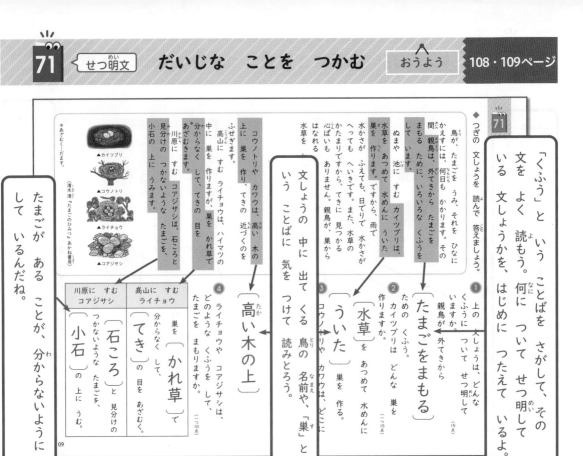

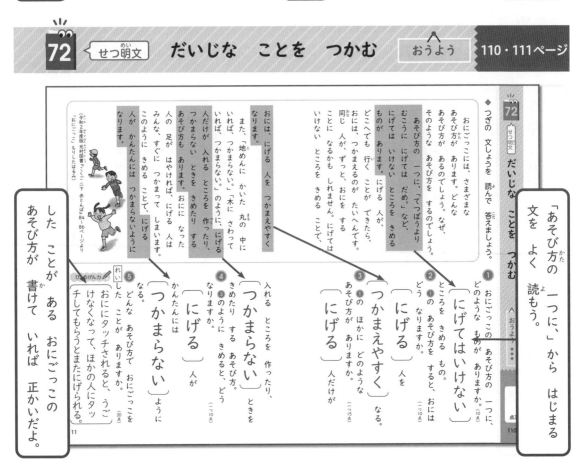

73 ものがたり たしかめテスト①　112・113ページ

73 ものがたり たしかめテスト①

◆つぎの 文しょうを 読《よ》んで 答《こた》えましょう。

四月の ある 午後《ごご》でした。
一ぴきの クマの 子が 町の 広場《ひろば》を 歩《ある》いて いて、落《お》としものを 見つけました。黒《くろ》っぽい 小さな バッグで、ぎっしりと ふくらんで いました。
クマの 子は、バッグを ひろうと、近《ちか》くの 交番《こうばん》へ 持《も》って いきました。
この あいだ、学校の 先生から 「落としものを ひろったら、すぐ 交番へ とどけましょう」と、おしえられたばかりでした。
クマの 子は、イヌの おまわりさんに、ひろった バッグを さしだしました。
そこへ、かさと トランクを さげた ウサギの おばあさんが、あたふたと かけこんで きました。なんと クマの 子が ひろった バッグは、この おばあさんの 持ちものだったのです。
「ああ、よかった。たすかった……。」
ウサギの おばあさんは、クマの 子に、なんべんも お礼《れい》を いった あと、バッグから 手帳《てちょう》を とりだして、クマの 子の 名前《なまえ》と 住所《じゅうしょ》を 聞《き》いて 書《か》きとめました。そして、
「わたしは、いま、旅行《りょこう》の とちゅうです。いずれ うちへ 帰《かえ》りましてから、＊お礼状《れいじょう》を 書かせて いただきます」
と いって、いそぎ足で 駅《えき》へ むかいました。

（森山《もりやま》 京《みやこ》『おてがみもらった おへんじかいた』あかね書房《しょぼう》）
＊お礼状…おれいの 手紙《てがみ》。

❶ いつの できごとですか。（一つ10点）
〔四月〕の 〔午後《ごご》〕。

❷ 「落としもの」は、どんな ものでしたか。（一つ10点）
〔ぎっしり〕と ふくらんだ、黒っぽい 小さな 〔バッグ〕。

〔ウサギのおばあさん〕

❹ ウサギの おばあさんは、クマの 子に、どんな ことを しましたか。（一つ15点）
なんべんも 〔お礼《れい》〕を いった あと、クマの 子の 〔名前《なまえ》〕と 住所を 聞いて、手帳に 書きとめた。

❺ ウサギの おばあさんは、うちへ 帰ったら、何《なに》を すると いいましたか。（15点）
クマの 子に 〔お礼状《れいじょう》〕を 書く。

112　113

「落《お》としものを 見《み》つけました」と いう ことばの 後《あと》の 文を よく 読《よ》もう。

「この おばあさん」とは、交番《こうばん》に「あたふたと かけこんで」きた、ウサギの おばあさんの ことだね。

ウサギの おばあさんが 言《い》った ことばを よく 読もう。

74 せつ明《めい》文 たしかめテスト②　114・115ページ

◆つぎの 文しょうを 読《よ》んで 答《こた》えましょう。

わたしたちの みの 回《まわ》りには、あなの あいて いる ものが、たくさん あります。あなは、何《なん》の ために あいて いるのでしょうか。あなの やくわりを 考《かんが》えて みましょう。
五十円玉の まん中には、あなが あいて います。これは、さわった ときに 百円玉と くべつする ための あなです。むかしの 五十円玉には あなが なく、百円玉と 同《おな》じくらいの 大きさだったので、まちがえる 人が いたのです。そこで、五十円玉に あなを あ……
くべつで……
（中りゃく）
うえ木ばちの そこには、あなが あいて います。これは、いらない 水を 外《そと》に 出す ための あなです。たくさん 水を やった ときに、あなが ないと、水が 下の 方《ほう》に たまって しまいます。水が 長《なが》い 間《あいだ》 たまって いると、ねが くさる ことが あるのです。

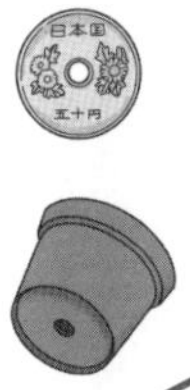

（令和《れいわ》2年度版《ねんどばん》 東京書籍《とうきょうしょせき》『新《あたら》しい国語《こくご》 二下』122〜125ページより 「あなの やくわり」に いだゆみこ）

❶ 上の 文しょうでは、どのような ことに ついて せつ明《めい》して いますか。（一つ10点）
みの 回りに ある ものの、〔あな〕の 〔やくわり〕 に ついて。

❷ 五十円玉の あなは、何の ための あなですか。（一つ10点）
〔さわった〕 ときに 〔百円玉〕と くべつする ための あな。

〔うえ木ばち〕の 〔そこ〕に あいて いる あな。

❹ ❸の あなは、何の ための あなですか。（20点）
〔いらない水を外《そと》に出す〕 ための あな。

❺ うえ木ばちの 下の 方に、水が 長い 間 たまって いると、どう なる ことが ありますか。（20点）
〔ねがくさる〕 ことが ある。

115

といかけの 文や、「考《かんが》えて みましょう」と よびかけて いる 文を よく 読《よ》んで、どんな ことを せつ明《めい》する 文しょうかを 読みとろう。

「○○には、あなが あいて います。これは、〜ための あなです。」と いう 言《い》い方《かた》で、それぞれの あなの やくわりを せつ明して いるよ。

さいごの 文を よく 読もう。ねが くさらない ために、そこの あなから 水を 出す ひつようが あるんだね。

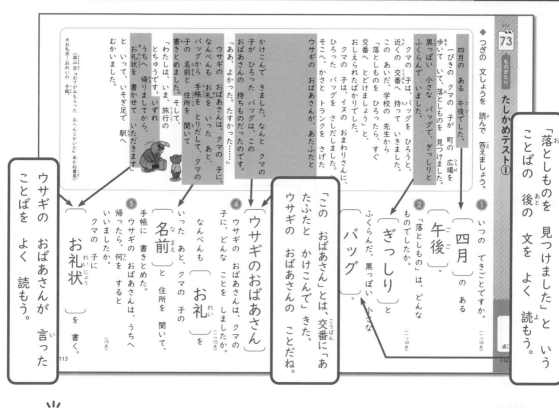

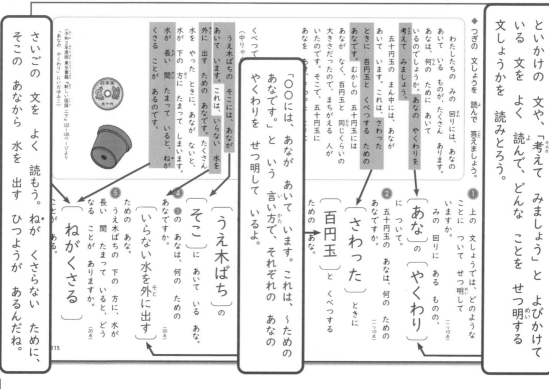

75 ものがたり たしかめテスト③

116・117ページ

◆つぎの 文しょうを 読《よ》んで 答《こた》えましょう。

林の そばの ほそい 道《みち》を、空いろの タクシーが 走《はし》りだしました。

「なの花橋《はなばし》の ちかくの、いずみようちえんまで おねがいします。」

客席《きゃくせき》で そう いったのは、わかい おかあさん。その そばに、小さい 男の子が 五にん、そっくりの まるい 顔《かお》を ならべて すわって います。

(五つ子なんて、はじめてだ。それに しても、よく にて いるもんだなあ。かわいいなあ。)

うんてんしゅの 松井五郎《まついごろう》さんは、ハンドルを まわしながら、かんしんしました。

「うわあ。」「うわあ。」「うわあ。」「うわあ。」

車の なかは、いっぺんに にぎやかに なりました。

「はやいなあ。」
「はやいねえ。」
「うれしいなあ。」
「うれしいねえ。」
「ほう、ほう、ほう、ほう。」

あまり たのしそうで、松井《まつい》さんまで いっしょに、ほう、ほう、ほう、と、さけびたく なる ほどです。

(朝《あさ》から うれしい お客《きゃく》さんだなあ。)

広《ひろ》い ほそう道路《どうろ》に 出ました。

❶ 空いろの タクシーは、どこを 走りだしましたか。（一つ10点）

〔林〕の そばの 〔ほそい〕道。

❷ タクシーの 客席には、だれが すわって いますか。（一つ10点）

・わかい 〔おかあさん〕。

・〔五〕にんの 小さい 〔男の子〕。

❸ 〔五つ子〕なんて、はじめてだ。それに しても、よく 〔にている〕もんだなあ。〔かわいい〕なあ。

❹ タクシーが 走りだすと、車の なかは、どんな ようすに なりましたか。（10点）

いっぺんに 〔にぎやか〕に なった。

❺ 車の なかの ようすを 見て、松井さんは、どう 思いましたか。（10点）

朝から 〔うれしいお客さん〕

「客席《きゃくせき》で そう いったのは」「その そばに、〜すわって います。」などの ことばに 気を つけて、だれが すわって いるかを 読《よ》みとろう。

「うんてんしゅの 松井五郎《まついごろう》さんは、〜かんしんしました。」と いう 文の 前《まえ》を 見よう。

車の なかの 男の子たちが「あまり たのしそう」だったから、「松井さんまで いっしょに〜さけびたく なる ほど」だったんだね。そして、（ ）のように 思《おも》ったんだね。

76 せつ明《めい》文 たしかめテスト④

118・119ページ

◆つぎの 文しょうを 読《よ》んで 答《こた》えましょう。

ペンギンは、鳥《とり》なので、たまごで うまれる。アデリーペンギンの たまごは、ニワトリの たまごより 少《すこ》し 大きいぐらいだ。

親《おや》は、たまごを 足の 間《あいだ》に はさんで あたため、ひなを かえす。

アデリーペンギンは、なかまが あつまり、そこで たまごを うみ、子そだてを する。

たまごは、おすと めすが 交《こう》たいで あたためるが、どちらかと いえば、おすが たまごを だいて いる 時間《じかん》の 方《ほう》が 長《なが》い。

やがて ひなが かえると、ひなだけが あつまって すごすように なる。この あつまりを、クレイシと どうぶつ学しゃは よぶ。クレイシとは、ほいくしょの いみだ。

なぜ クレイシを 作《つく》るのかは、トウゾクカモメなどから みを まもる ためと 考《かんが》えられて いるけれど、くわしくは 分《わ》かって いない。

はじめは、親が クレイシまで えさを はこび、自分《じぶん》の 子に えさを あたえる。けれども、子が そだつに つれて、親は クレイシに 近《ちか》づかなく なる。

やがて 大きく なった ペンギンは、自分で えさを とりに、海《うみ》に もぐりはじめる。

（山本省三《やまもとしょうぞう》『動物《どうぶつ》ふしぎ発見《はっけん》 ペンギンの体に、飛《と》ぶしくみを見つけた！』くもん出版《しゅっぱん》）

❶ アデリーペンギンの たまごは、どのくらいの 大きさですか。（一つ10点）

〔ニワトリ〕の たまごより 少し 〔大きい〕ぐらい。

❷ アデリーペンギンは、どのように たまごを あたためますか。（一つ10点）

・おすと めすが 〔交たい〕で あたためる。

・〔おす〕が たまごを だいて いる 時間の 方が 長い。

❸ ひなが かえった 後《あと》、ひなだけが 〔あつまって〕すごす。

❹ ひなが かえった 後《あと》、親は どう しますか。（一つ10点）

・はじめは、クレイシまで 〔えさ〕を はこび、自分の 子に あたえる。

・子が そだつに つれて、クレイシに 〔近《ちか》づかなく〕なる。

❺ 大きく なった ペンギンは、何《なに》を しますか。（30点）

〔自分《じぶん》でえさをとりに、海《うみ》にもぐりはじめる。〕

大きさが 分《わ》かりやすく つたわるように、ニワトリの たまごと くらべる 言《い》い方《かた》で せつ明《めい》して いるよ。

「はじめは」「子が そだつに つれて」と いう ことばに 気を つけよう。

「大きく なった ペンギン」と いう ことばが ある、さいごの 文を よく 読《よ》もう。

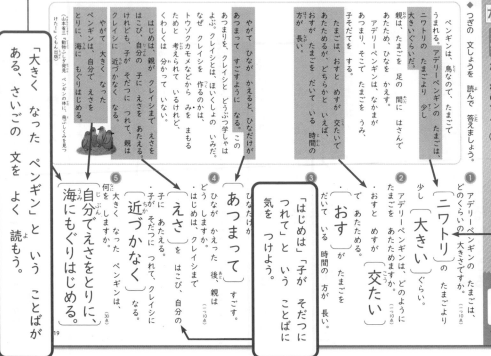

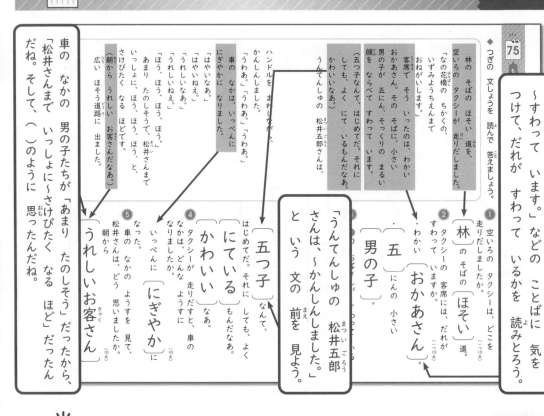